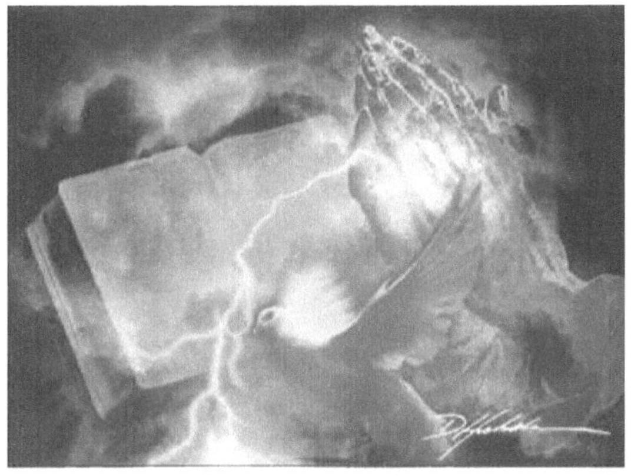

Ninguém neste mundo é tão mal que o amor de Deus não possa alcançar e ninguém é bom o suficiente para não precisar do amor de Deus. Não importa quem você é ou o que voce tem feito, Deus nos oferece em Jesus Cristo sua aceitação incondicional e te aceitará quando voce se voltar para Ele.

Lembre-se, Deus sempre abre uma janela quando fecha uma porta. A ajuda virá de acordo com a sua abertura.

A ilusão das drogas

Autor e formatação: Márcio José Pinheiro

Revisão: Laedison Larry Alves de Souza

ISBN: 978-85-923067-4-8

Impressão: Clube de Autores

Impresso no Brasil

2018

Sumário

Palavra do autor

Inicialmente temos a dizer que praticamente em todo o mundo, o meio televisivo e jornalístico vem ao longo dos tempos, apresentando matérias sobre o assunto drogas e devido a situação do homem na modernidade, onde Deus é colocado na maioria das vezes em segundo plano, a satisfação pessoal é o que tem se tornado importante; assim, cremos que o alto consumo de drogas tem gerado grande prejuízo em todas as classes sociais. Devido à gravidade gerada, este assunto vem exigindo tanto das lideranças seculares bem como da representação eclesiástica, no senado, assembleia e câmara de vereadores, meios apropriados para elaboração de uma política de drogas compatível com nossa realidade.

No entanto, apesar da gravidade do assunto, não há consenso e infelizmente o assunto anda a curtíssimos passos, para não dizer que fica estagnado, devido à falta de apoio, bem como interesse em dispensar recursos financeiros.

Contudo, Deus não desampara aqueles a quem ama e na falta de ação mais incisiva da liderança, Ele em sua soberana vontade, tem transformado vidas apesar de tudo, fazendo que esses ex-dependentes ou adictos como se referem, criem ONG's e ou associações como Narcóticos Anônimos (NA), Alcoólicos Anônimos (AA) entre outras, tem salvados vidas e outras vezes, levando às igrejas onde parcamente lutam contra esse mal do século.

Por este motivo é que todas as igrejas devem se posicionar e trabalhar contra qualquer tipo de vício ou drogas, pois isso, em última instância, acaba sendo um problema de ordem espiritual, médica e psicológica, porque a maioria dos usuários fazem uso de sua substância de preferência, como meio de fuga para seus problemas.

Assim sendo, no decorrer dos anos, mais e mais entidades, associações, grupos e pessoas isoladas, da qual direta ou indiretamente, viveram esse mal ou tiveram essa terrível experiência em sua família, aumentam cada vez mais, a fileira de informações com a finalidade de alertarem usuários, não usuários e também os experimentadores, os riscos vindouros.

Para minha surpresa, as igrejas, seja ela romanista ou protestante, quase não se faz presente diretamente nesta luta. Lembrando que as igrejas católicas romanas ou romanista, pelo menos permitem que grupos de NA ou AA utilizem suas dependências para se reunirem, sem contudo, apresentar sua visão religiosa a respeito. Já o mesmo não acontece com as igrejas protestantes, pois essas, depositam sua confiança no poder de Deus e creem firmemente que Deus pode libertá-los imediatamente. Por este motivo, dão ênfase a batalha espiritual ou ao culto de libertação, esquecendo-se que a recuperação pode ser um processo imediato, curto ou longo prazo e as vezes, pode nunca acontecer.

A realidade é que a maioria de nós precisamos de recuperação, tendo em vista que vivemos para a nossa própria satisfação e pior parte na recuperação de um usuário de drogas, é a espera. Precisamos saber que o caminho para a recuperação nem sempre é curto, fácil ou indolor para o recuperando. Assim como Jesus que é Deus experimentou na carne zombarias e mesmo a rejeição familiar, muitos que se encontram no processo de recuperação, também poderão experimentar. Contudo, o mais importante será manter a autoestima, perseverar e não se entregar ao derrotismo, crendo em Deus e que o processo de recuperação plena exige o refreamento de comportamentos, busca de reconciliação, principalmente com as pessoas com quem erramos.

Para aqueles que pensam que isso poderá ser uma demonstração de falta de fé, afirmamos que de modo algum sua fé foi em vão. Perseverar é melhor do que desistir, pois quando voce desiste, na realidade voce estará trocando algo importante de sua vida, por uma satisfação imediata ou apenas trocando por um momento de prazer, para amenizar a dor ou esconder-se da dura realidade.

Entretanto, mesmo que voce creia que não tem mais tempo, acredite que ainda há esperança, especialmente para todo aquele que deseja dar o primeiro passo. Sabemos que o primeiro passo normalmente é difícil de se dar, por sermos muitas vezes prejudicados pelos velhos hábitos, mas saiba que Deus sempre estará pronto a nos ajudar nos momentos de crise, basta clamarmos o seu nome e aprender a ouvir o que Ele tem a nos dizer, pois Ele pode estar nos oferecendo chances para alcançarmos uma nova vida. Precisamos aproveitar as dificuldades de nossas vidas e usá-las como degraus para nossa vitória.

A nova vida que experimentamos em Jesus, de modo algum quer dizer que nossos erros e desejos ou vícios desaparecerão em instantes, apesar de que algumas mudanças possam ocorrer imediatamente. Quer dizer simplesmente que recebemos o seu perdão e somos uma nova criatura perante aos olhos de Deus e nisso encontramos força necessária para obtermos a transformação em cada área de nossa vida.

Apesar de tudo o que foi escrito, temos a dizer que o objetivo deste livro é antes de tudo, alertar sobre os perigos e a ilusão das drogas através de informações, valorização do ser humano e apontando também o que a Palavra de Deus diz a respeito, pois é bom saber orientar as pessoas com um pouco mais de base sobre o assunto, mostrando que eles podem seguir um caminho mais seguro, tornando-o uma pessoa livre de preconceitos e de bons costumes.

Algumas pessoas fazem de conta que andam pela fé e por este motivo se iludem, chegando a pensar que se ela restaurar o relacionamento com Deus, todos os problemas, inclusive com as drogas desapareceram. Isso pode acontecer, se for da vontade de Deus, mas posso dizer que o relacionamento com Deus, não é fundamentado em leis a se seguir, mas na promessa feita a Abraão de ser benção para a humanidade por meio do seu descendente, Jesus Cristo e, também que isso dificilmente nos livrará das consequências dos erros cometidos. No entanto, temos um consolo, pois sabemos que quando estivermos enfrentando essas consequências, Deus estará conosco e muitas vezes, nos livrando de males piores.

O assunto drogas nunca me atraiu, sempre fui indiferente e também, graças a Deus, nunca fiz uso, incluindo aqui, bebidas alcoólicas, mesmo antes de minha conversão a Jesus Cristo. Deus permitiu a mim e minha esposa a graça de estar livre desses vícios, porém meu filho Renato, hoje com 31 anos, depois de um longo caminho e várias internações, começa a sofrer as consequências de sua adicção, mas graças ao nosso bom Deus, ele também começou a despertar para a vida com Deus, valorizando um pouco mais, tudo aquilo que no decorrer de sua vida, temos tentado ensiná-lo.

Em meados de Abril/2018, Deus colocou em minha mente, a vontade de escrever algo sobre o assunto, apesar de haver comprometido comigo mesmo de finalizar dois livros que estão inacabados já a mais de dois anos, então, posterguei escrever sobre isso. Após, pensando primeiramente em meus dois filhos, depois no filhos de diversos pais cristãos e não cristãos, que anseiam um mundo melhor para seus filhos, quase 30 dias após, comecei a pesquisar sobre o assunto e fiquei perplexo ao constatar que na literatura cristã o assunto é quase um tabu. Entretanto, conheci pessoas que me auxiliaram com experiências próprias que foi muito aproveitado neste livro.

Assim, surgiu o livro "A ilusão das drogas", com o objetivo de proporcionar a todos os interessados, a oportunidade de ter em mãos um instrumento de reflexão, baseado em relatos de experiências vividas por alguns, acrescidos de comentários pessoais, fundamentado em livros, dicionários, enciclopédias, pessoas que atuam no ramo e na Palavra de Deus principalmente.

Alguns podem até se perguntar, onde a Palavra de Deus aborda o assunto drogas? Apesar da Bíblia não citar explicitamente o uso de drogas, além do vinho, da embriagues e citar bebida forte, podemos utilizar passagens e fazer uma aplicação prática sobre o assunto. Como exemplo citamos a história do êxodo. Sabemos que o povo de Deus encontrava-se em cativeiro no Egito e havia a promessa de Deus de que seu povo seria liberto. Para isso, Deus enviou Moisés que após a décima praga, o faraó permitiu a saída dos hebreus. No deserto, o povo rebelde, ainda não depositava sua fé no Deus que os tirou com mãos fortes daquelas terras, reclama e sentem saudade de comer de graça os peixes, os pepinos, os melões, os alhos silvestres, as cebolas e os alhos (ARA, Nm 11.5).

A aplicação que podemos fazer é que como o povo de Deus se encontrava em cativeiro, os dependentes químicos também se encontram escravizados por suas drogas de preferência. Deus nos deu a promessa de que se conhecêssemos a verdade, seremos livres. As pragas enviadas no Egito tinham como objetivo vencer os deuses egípcios provando assim, a superioridade do Deus de Israel sobre todos os deuses. Já o endurecimento do coração de faraó, podem ser equiparadas as lutas que temos quando não incluímos Deus em nossas vidas.

A Bíblia de Estudo MacArthur comentando as pragas, informa que a praga conhecida como aquela que as águas transformou água em sangue, está ligada ao deus Hapi. Na segunda praga, as das rãs, o "coaxar de rãs no rio e nos reservatórios de água sinalizava aos agricultores que os deuses que controlavam as cheias e as baixas do Nilo tinham novamente tomado a terra fértil. O deus Hapi era venerado nessa ocasião". Acrescenta ainda que "as rãs eram a representação e a imagem da deusa Heqt, esposa do deus Kum e o símbolo da ressureição e da fertilidade". A demais pragas como a dos piolhos (8.17), ligados ao deus hator, Nut, moscas (8.24) Shu, Isis, peste no rebanho (9.6), Ápis; a peste dos tumores e úlceras (9.10) ligados ao deus Sekhmet e assim por diante.

O relato após a saída do Egito com os milagres descritos, não foram o suficientes para o povo gozar das bênçãos de Deus que se manifestava dia e noite ininterruptamente, pois conforme está escrito em Nm 11.5, eles chegaram ao ponto de sentir saudade de comer as comidas do tempo de escravidão. Normalmente isso é o que acontece nas recaídas, pois é considerado voltar a vida antiga, entretanto, deve-se ter em mente que recair não deve ser considerado o fim de uma recuperação e que através de Jesus sempre há esperança de recuperação. Esse incidente pode ser também visto como um alerta para todo aquele que acredita que por haver conseguido uma vitória em sua recuperação, é indício de que não recairá.

Este é um livro na qual tentamos o máximo possível evitar uma linguagem técnica, de difícil compreensão, dando preferência a uma linguagem simples para fácil entendimento e assimilação, com relatos sucintos. Nosso desejo é que ao final da leitura deste livro, voce adquira mais força para lutar contra esse mal, possa fazer a escolha correta, lembrando-se que sempre haver uma opção confiável, Deus. Saiba aproveitar as oportunidades e construa seu caminho, isto é, sua vida baseando sempre nos princípios da moral e da razão.

Qualquer tipo de recuperação deve estar baseada na graça de Deus que sempre nos oferece oportunidades para um novo recomeço, especialmente quando reconhecemos nossa insuficiência e aceitarmos a responsabilidade por tudo aquilo que fizermos ou deixarmos de fazer em prol da recuperação. Uma dica importante é voce investir tempo no convívio com pessoas que possa te encorajar a desenvolver uma vida saudável e desistir de relacionamentos que te levam a práticas destrutivas. Deus tem um propósito em sua vida.

Márcio José Pinheiro

Drogas - Perigo constante

Quando nos referimos as drogas, normalmente estamos nos referindo a um nome genérico de substâncias químicas naturais ou sintéticas, cujo objetivo final é provocar alterações psíquicas que podem causar danos físicos e psicológicos a seu consumidor.

Além de outros significados existentes, a Grande Enciclopédia Larousse Cultural define droga como "designação genérica de toda substância usada em química, farmácia, etc.; medicamento, remédio, substância psicoativa natural ou sintética, entorpecente, narcótico" (1998, pág. 1982). Djalma Santos complementa:

> Qualquer produto químico ou natural que possa provocar alterações no metabolismo ou na área mental de uma pessoa é considerado droga, inclusive os calmantes e tranquilizantes, remédios para emagrecer, xaropes, inalantes ou solventes, que podem ser comprados normalmente em farmácias ou em lojas especiais. É necessário ter muito cuidado com a automedicação, que muitas vezes leva o paciente a uma dependência de drogas, sem que o médico tome conhecimento do que se passa com a pessoa enferma, e sem que a própria pessoa se dê conta do perigo que está correndo (2015, nota introdutória).

Com esta definição, podemos ver que aquilo que estamos acostumados chamar de droga, é por si só uma ambiguidade, pois etimologicamente falando, droga é qualquer substância que age em um organismo vivo, isto quer dizer que droga nada mais é do que qualquer substância química, natural ou sintética, seja ela lícita ou ilícita que provoca efeitos e ou modificações sobre o funcionamento no corpo, resultando em mudanças de comportamento.

Todos nós temos uma ideia geral do significado da palavra droga. Às vezes a usamos na linguagem comum, pois existem expressões como "Ah que droga" ou ainda, "esta droga não vale nada!". Pode-se perceber com isso, que essas expressões têm sempre um significado negativo ou de coisa ruim, sem qualidade. No entanto, em linguagem médica, algumas vezes, droga é quase sinônimo de medicamento.

Creio que nos dias de hoje, o conceito de droga está ligado à capacidade em criar dependência. Há uma distinção bem clara entre o que é droga ou não, esta diferença pode ser comparada a um alimento ou bebida, isto é, ao você comê-la ou bebê-la, naturalmente você se sentirá saciado e pelo menos por um tempo, deixará de lado, não comendo e nem bebendo, contudo, com a droga acontece ao contrário, quanto voce mais faz uso, mais tem o desejo de usá-la. Nesse sentido, a droga te escraviza.

Quando o efeito da substância utilizada cessa, voce costuma ter sensações desagradáveis, o que não acontece com a ingestão da comida ou bebida. Isto acaba sendo um grande fator para dizermos que o uso constante de drogas, pode provocar mudanças de comportamento e mesmo causar dependência.

> Por que os adolescentes usam drogas? Os adolescentes as usam por curiosidade, por moda, como forma de protesto ou em busca de um "solo propício". Em regra geral, a iniciação se faz através de um amigo ou um grupo social. Repartem-se cigarrinhos de maconha e o não habituado não se nega a participar da experiência para não ser considerado "quadrado, ou cafona". Porém, a maioria dos usuários ocasionais abandona a maconha depois de um certo tempo, "ao perceber que o paraíso prometido é superficial, repetitivo, não transferível a criações pessoais ou sociais de nenhum tipo".
> Os viciados em drogas usam essa substância por outros motivos. Da mesma maneira que os alcoólatras, procuram um escape conveniente para suas tensões e dificuldades. A maioria dos dependentes das drogas é composta de pessoas solitárias, frustradas, irritadas, e geralmente vêm de lares desfeitos sentem-se rejeitadas ou inferiores. Sob a influência das drogas, sentem-se livres de seus problemas (HOFF, 2005, pág. 227)

Muitos usuários sentem o desejo compulsivo de usar a droga para obter a sensação de bem-estar que algumas substâncias produzem ao corpo, perdem suas inibições, sentem euforia, acreditam que podem fazer tudo. Entretanto, a realidade é outra, pois as drogas somente anestesia temporariamente seus sofrimentos, preocupações e complexos. Na falta da substância ou diminuição brusca do seu uso, costuma gerar a necessidade de reutilizar a substância. Quando as vezes o organismo gera resistência, faz com que o experimentador passe a usar maiores quantidades da droga para atingir os efeitos anteriores, quando não muito, esses passam para uma outra droga mais forte.

Para esse tipo de dependente, o que importa é o prazer alcançado e neste sentido, podemos dizer que o prazer é um terreno fértil para a tentação, pois ao querermos abandonar as situações destrutivas que as drogas causam em nossas vidas, corre-se o risco de querer voltar atrás. Dizemos um terreno fértil porque acreditar que estamos livres de ser tentados é um perigo a se correr e devemos aceitar o fato de que sempre seremos tentados nas áreas que somos mais fracos e aos quais somos mais propensos, mesmo quando nos voltamos para Deus.

Isso equivale dizer que quando entramos no processo de recuperação, podemos ser tentados a desistir e voltar atrás, pois a tarefa parece ser um gigante a ser enfrentado e muito difícil de vencer. No entanto, nesses momentos quando tentamos enxergar pela perspectiva de Deus, veremos que por maior que seja o problema ou o gigante a ser enfrentado, Deus é maior. Não olhe para o tamanho de seu problema, olhe para o tamanho de seu Deus, é o que costumamos dizer. Mesmo nas horas mais difíceis que passamos, Deus está agindo, por este motivo, sempre há esperança para todos nós.

Há diversas maneiras de se introduzir essas substâncias no organismo. As mais conhecidas podem ser inaladas, aspiradas, bebidas, fumadas, injetadas, absorvidas pela pele e mesmo comida em formas de bolos ou biscoitos, segundo um documentário que assisti no History Channel.

As drogas sempre fizeram parte da vida do homem, assim como afetam todos os grupos sociais e raças. Um dos primeiros relatos de alteração do comportamento pelo uso de drogas pode ser encontrado na Bíblia Sagrada em seu primeiro livro:

> Sendo Noé lavrador, passou a plantar uma vinha. Bebendo do vinho, embriagou-se e se pôs nu dentro de sua tenda. Cam, pai de Canaã, vendo a nudez do pai, fê-lo saber, fora, a seus dois irmãos. Então, Sem e Jafé tomaram uma capa, puseram-na sobre os próprios ombros de ambos e, andando de costas, rostos desviados, cobriram a nudez do pai sem que a vissem. Despertando Noé do seu vinho, soube o que lhe fizera o filho mais moço e disse: Maldito seja; seja servo dos servos a seus irmãos (Gn 9,18-25).

O patriarca Noé usou uma droga lícita, nesse caso, o vinho, uma bebida permitida e até incentivada pela sociedade moderna, assim como o cigarro, mas apesar de seu caráter legal, essas drogas lícitas não causam menos prejuízos à saúde comparado as chamadas drogas ilícitas, como a maconha, a cocaína, a heroína, o crack, entre diversas outras.

Revendo a história desse patriarca, vemos que ele foi obediente a Deus quando foi instruído a construir uma arca, apesar de lermos sobre a falta cometida ao embebedar-se. Acredito que ele pode ter achado absurdo, mas mesmo não entendendo as instruções de Deus, ele foi obediente. Com relação a isso, temos a dizer que a obediência à Deus é o segredo de herdar as promessas de Deus e também do sucesso de qualquer tipo de recuperação. A recuperação nunca é um processo individual, deve envolver sempre outras pessoas para nos encorajar e mesmo confrontar quando necessário e fazer as coisas a nossa maneira, conduz à escravidão e ao sofrimento.

Assim como Noé, somos falhos e cometemos faltas e essas faltas podem ser amenizadas quando verdadeiramente nos arrependemos e procuramos ser obedientes à Palavra de Deus. No processo de recuperação, a maioria das vezes, não temos uma visão macro do processo, mas quando o seguimos, certamente poderemos ter um resultado satisfatório, contudo é sempre bom lembrar que todo esse processo, será mais fácil de vencer com a ajuda de Deus e das pessoas que sinceramente desejam te ver recuperado.

Entretanto, é recomendável se lembrar que apesar da Bíblia enfatizar a retidão de Noé e sua comunhão com Deus, ela também relata sobre sua embriagues e isto deve ser um bom indicativo para nos mostrar que mesmo que estejamos gozando das bênçãos de Deus, é fácil para nós, seres humanos, nos desviarmos do caminho e perdermos a benção. Por este motivo, não podemos nos descuidar e pensar que por havermos vencido uma batalha, temos a guerra ganha. A Bíblia nos orienta estarmos alertas e vigiarmos, pois o diabo anda ao nosso redor como leão, procurando a quem possa devorar (1 Pe 5.8).

Esta advertência bíblica, ilustra a importância de não estarmos sozinhos no processo de recuperação. Necessitamos ter ao nosso lado pessoas que nos apoiem sabiamente. Uma das estratégias utilizadas por Satanás para minar nossa fé, pode ser os comentários maldosos ou mesmo atitudes negativas já instaladas em nosso comportamento. É imperativo evitar as companhias de pessoas cujo objetivo é nos colocar para baixo e sejam facilitadores de voltarmos aos velhos hábitos. Precisamos procurar pessoas que nos amam e nos fortaleçam. Sabemos que os obstáculos a serem enfrentados é grande, por isso devemos entregar nossa vida a alguém que realmente é capaz de cuidar de nós e atender nossas verdadeiras necessidades: Deus.

Alguém pode até se perguntar, se entregar sua vida a Deus pode mudar alguma coisa. No entanto, temos a dizer que algumas vezes a racionalização das coisas nem sempre são favoráveis, mas a verdade é que seguir as orientações de Deus, nem sempre pode fazer sentido para nós. Por isso, a melhor solução talvez seja deixarmos de analisar e querer entender tudo, pois algumas coisas foge à razão e por meio de uma fé obediente e simples, poderemos conseguir experimentar o poder curador de Deus.

Encontramos um curioso relato que nos informa sobre o que a arqueologia tem encontrado sobre a primeira bebida alcoólica:

> A primeira bebida alcoólica teria sido preparada na China, por volta do ano 8.000 a.C. A análise de substâncias orgânicas e peças de cerâmica na vila neolítica de Jiahu, no norte da China, no ano de 2006, revelou que elas continham um drinque feito de arroz, mel e frutas silvestres, tudo fermentado (GARCIA, 2007, p. 2). Na cultura da civilização sumeriana (3.000 a.C.), eram produzidos 19 tipos de bebidas alcoólicas – sendo que 16 delas eram à base de trigo e cevada – provavelmente o embrião da cerveja. A bebida era consumida pelos aristocratas sumérios por meio de canudinhos de outro (GARATTONI, ago. 2008).
>
> Quanto ao uso de drogas alucinógenas, o consumo da cannabis (conhecida como maconha) remonta ao ano 2.700 a.C. A maconha teve sua origem no Afeganistão e na Índia, sendo consumida para uso medicinal e em rituais religiosos. (BAPTISTA, 2018, pág. 123)

Finalizando este tópico, temos a dizer que a dependência química, infelizmente ainda é associada a problemas morais e de caráter, outras vezes, como irresponsabilidade e ou insensibilidade do dependente e não como uma doença a ser tratada. A esses rótulos, somam-se a violência, a desconstrução familiar, o desequilíbrio financeiro e o uso de métodos escusos (furtos) para obtenção da substância.

Dependência

A dependência de um modo geral, é visto como estar sob a autoridade, seja ela divina ou humana, é como estar subordinado a alguém. Também segundo a Grande Enciclopédia Delta Larousse, dependência é também a "situação de uma pessoa que depende de outra, sujeição, subordinação"; neste sentido, dependente também é aquele que depende economicamente de um segurado em instituto de previdência social algo. No entanto, em se tratando de dependência de substâncias, podemos dizer que dependência é uma consequência de um desejo não controlado, onde a droga passa a ser imprescindível para o indivíduo, seja do ponto de vista físico ou psicológico.

As razões para a dependência ainda é alvo de inúmeras teorias, pois além de depender de diversos fatores, seja eles orgânicos, psicológicos, sociais, existe ainda as ocasiões, onde a pessoa procura ficar fora da realidade, às vezes para fugir de responsabilidades, problemas e mesmo simplesmente por pura rebeldia.

O fato é que em geral, a droga desencadeia uma compulsão no indivíduo para o uso da mesma e na maioria das vezes, essa compulsão é de difícil de se resistir, podendo dizer que vem de um modo irrefreável. Em outras palavras, queremos dizer que normalmente e não raramente, a pessoa passa inicialmente por um período de uso de determinada substância, depois, alguns deles evoluem para o estágio de abuso e infelizmente, tornam-se dependentes.

Sabemos que algumas substâncias podem provocar reações no organismo humano, devido a incompatibilidade química que vulgarmente chamamos de alergia, podendo não apenas atingir os mais diversos pontos do nosso organismo, como também manifestar em qualquer parte de nosso corpo. Essas chamadas alergias podem se manifestar, por exemplo: a nível intestinal, respiratório, circulatório, sendo mais comum em nossa pele, porém, quando esta reação é a nível psicológico, não se apresenta reações adversas, sentimos apenas aquilo que taxamos de desejos.

O ponto chave que podemos utilizar para identificar uma dependência, está relacionado a diversos fatores, sendo o mais comum, o afastamento lento ou imediato da pessoa, onde essa passa valorizar mais a substância que faz uso, principalmente obedecendo a rotina de alguns horários adequados, ou certas companhias e alteração no estado de humor. Com o avanço da dependência, a pessoa costuma priorizar a utilização da droga e seu consumo vai aos poucos se tornando mais importante que a própria família, o trabalho ou mesmo a sua própria saúde, onde passa a criar novos padrões para exercer suas atividades em função da droga, organizando daí a sua vida e seus compromissos.

A partir desse momento, podemos dizer que há uma alteração também no organismo, pois ele acaba desenvolvendo uma tolerância a substância utilizada e essa pessoa passa a fazer uso mais constante. Entretanto, não podemos falar de dependência sem ao menos falar de recuperação. Quando a pessoa se conscientiza e decide mudar sua vida, ela passa por um processo igualmente difícil e muitas vezes dolorosa, pois deverá enfrentar uma situação conhecida de todos os usuários que é o período de abstinência.

A abstinência em si ou como alguns comumente chamam "fissura", nada mais é do que a interrupção ou mesmo a redução do uso da substância. Tenho notado que quando se trata de usuários de álcool, é perceptível tremores, algumas vezes alteração de humor. Alguns usuários de substâncias ilícitas, podem apresentar depressão, ansiedade e certa desorientação psicológica como tenho presenciado.

O cérebro humano tem milhões de interligações e ele pode detectar tudo de anormal ou normal que acontece em nosso corpo, pois ele é a máquina motora que faz que nosso corpo responda aos impulsos elétricos e não pode sentir o que acontece com ele próprio. Pode até parecer uma contradição, mas não o é, pois os danos só serão percebidos quando os mesmos já são irreversíveis.

No prisma dos ensinamentos bíblicos, vemos o ser humano como um ser criado à imagem e semelhança de Deus nosso Criador. Deus é trino quanto a manifestação e uno quanto a essência, isto quer dizer que Deus é um só, mas revela-se na pessoa do Pai, Filho e Espírito Santo. Já o homem é corpo, alma e espírito para os tricotomistas e corpo, alma ou espírito para os dicotomistas. O corpo humano devido a sua dimensão biológica e física, é fácil de identificar porque é palpável e pode ser vista. A alma por outro lado, é o nível psicológico, sede das emoções, paixões, pensamentos, características, talentos, potencialidades de cada um, invisível, imaterial, imortal que anima e vivifica o corpo material.

É a própria pessoa, a personalidade com todas as suas peculiaridades, traços adquiridos ao longo da vida e também com as características herdadas. O espírito é aquela dimensão mais profunda, o nível da intuição, a esfera da fé, o fôlego de vida dado pelo Senhor. Teologicamente falando, Pfeiffer, Vos e Rea (2009, pág. 79) acrescentam:

> No Antigo Testamento, a palavra "alma" quase sempre é a tradução da hebraica nephesh, que é também muitas vezes traduzida como "vida" e também como várias outras palavras "pessoa", "si mesmo", "criatura", etc. Nephesh é usada 756 vezes nos originais. A palavra existe em outras línguas e dialetos semitas (incluindo o ugarítico) para designar pessoa, vida e provavelmente a respiração.

Pode-se exemplificar pela Bíblia que quando uma pessoa deseja enfrentar o período de fissura ou abstinência para mudar de vida, ela deve investir tempo e abrir mão de algumas amizades. Passar por situações de perda como deixar de frequentar determinados lugares, procurar mudanças significativas, como se aproximar mais de Deus, valorizar mais o lado espiritual do que o material e quando isso acontecer, é necessário sepultar essas perdas, ou seja, deixar tudo isso de lado. No livro de Gênesis, podemos encontrar esse exemplo onde um personagem abre mão no material em benefício ao relacionamento.

É dito que Abraão e seu sobrinho Ló, tiveram um desentendimento com relação a algumas terras para a existência de seus rebanhos. No entanto, Abraão inspirado por Deus, confiando em sua Palavra e também na tentativa de aliviar a tensão que desenvolvera, ofereceu a Ló a oportunidade de escolher as terras que desejava levar seus rebanhos e ele iria em direção oposta. Assim como Abraão abriu mão de seu direito de ficar em uma terra melhor e mais promissora. Aparentemente, ele apostou em manter o vínculo familiar acima das posses. Do mesmo modo, no processo de recuperação, nós precisamos aprender essa lição, buscar Deus em primeiro lugar e que nossos relacionamentos familiares seja mais importante do que as posses que possuímos.

Todo processo de recuperação, deve vir acompanhado de mudanças internas e devem ser externadas por ações externas. Se esperamos que mudanças aconteçam, devemos começar mudando nossas ações e depois agir contra nossos opressores. Devemos ser realistas e saber que nem sempre podemos mudar as pessoas, mas uma coisa podemos fazer; nós podemos mudar a situação para nos proteger dos efeitos do comportamento deles.

Assim quando cometemos um pecado e nos arrependemos dele, devemos confessá-lo, arrepender, ou seja, mudar de atitude, evitando repetir esse mesmo erro, demonstrando através de ações, palavras e exemplo, esse arrependimento. Existe um dito popular que diz "de boas intenções, o inferno está cheio". Isto tem um fundo de verdade, pois boas intenções são inúteis quando não é seguida de ação. Não adianta desejar mudança, sem voce querer dar esse primeiro passo. Não importa quão bom seja nossas intenções se não estivermos prontos a ser o primeiro a agir.

Repetimos que mudanças internas devem ser externadas por ações externas e quando essas mudanças começam a se manifestar no processo de recuperação, ela precisa ser refletidas em nossas ações e modo de vida para sermos exemplo àqueles que ainda não chegaram nessa fase. Saiba que em Cristo podemos encontrar a segurança e que Deus pode transformar nossos erros e fracassos em nosso próprio benefício, se estivermos prontos a mudar o rumo de nossas vidas e obedecer-lhe.

No entanto, não creia que a mudança acontecerá de um segundo para outro. Assim como Jacó demorou para mudar seu estilo de vida de engano aos outros, os nossos antigos hábitos também não desapareceram do dia para a noite. Entretanto, devemos ficar atentos para as nossas fraquezas e buscar a Deus o quanto antes. Nossas fraquezas nunca deveriam servir de desculpas para evitar que procuremos recuperação com Deus, pois com a ajuda dele, podemos fortalecer nosso potencial e diminuiremos drasticamente em falharmos na recuperação.

O relato ou mesmo a demonstração de nossa libertação dos vícios antigos, pode ajudar salvar vidas de outros que ainda vivem na escravidão de seus vícios. Por este motivo, ao compartilharmos nossa mensagem de libertação, devemos fazer de uma maneira simples, objetiva, dando ênfase não em nossas lutas, mas no poder de libertação que encontramos em Deus e no processo de recuperação, assim, não apenas seremos uma fonte de esperança para os outros, como também encontraremos forças para continuar a nossa própria recuperação, evitando nos tornar frágeis e tentados.

A importância de falar sobre o progresso de nossa libertação dos vícios é útil, porque damos esperança de ajudar outras pessoas em também procurar mudar a sua vida. Contudo, não devemos nos martirizar se a nossa mensagem não tocar as pessoas, o resultado pertence a Deus, por isso, alguns poderão responder favoravelmente ao seu testemunho imediatamente, outros necessitarão de mais tempo. São como sementes que plantamos que com o tempo, germinará, crescerá e florescerá.

A libertação ou mesmo a tentativa de se obter a libertação, é muitas vezes longa, por este motivo, precisamos reconhecer isso logo de início quando começamos querer sermos libertos. Se tivermos consciência disso, evitaremos futuros desânimos, devido aos obstáculos que surgirão nessa caminhada. Por este motivo, é preciso sermos cuidadosos e não nos iludirmos com uma fácil recuperação. Devemos perseverar até o fim e não nos tornarmos confiantes demasiadamente quando as coisas parecerem mais fáceis ou começarem a correr bem. A autossuficiência pode ser uma armadilha onde corremos o risco de falhar e continuarmos mais presos do que antes.

Ser dependente é algumas vezes comparado a estar sob domínio de outra pessoa ou de alguma coisa, onde voce fica em um beco sem saída, pois voce pode agradar a si mesmo usando sua substância de preferência e desagradar aqueles que estão próximos de voce. Se voce agrada um, desagradará ou mesmo decepcionará o outro. Sentir-se impotente é uma sensação de não estar no controle, de ser dependente e no processo de recuperação isto é um bom sinal, pois deve-se sentir impotente perante as drogas e reconhecer que precisa de ajuda.

Porém, voce deve se decidir e não ficar entre duas coisas. As Escrituras nos ensinam que não podemos servir a dois senhores e esta situação de conflito consigo mesmo deve ser resolvida, porque pode transformar em um fardo pesado de carregar com o passar do tempo, isso quando não atinge nossos familiares ou mesmo gerações futuras. É muito bom ter em mente que mesmo nessas situações, Deus pode transformar o mal de nossa vida e usá-lo para uma grande benção.

Voce pode pensar que estamos exagerando, no entanto, isso pode acontecer e a Bíblia nos mostra que conflitos deixados sem solução pode ser danoso. Veja o caso de Esaú e Jacó que tiveram um conflito e ficou por anos sem solução. As consequências não resolvidas pode ser vista no livro de Obadias que registra como os edomitas, descendentes de Esaú se alegraram quando os israelitas, descendentes de Jacó foram derrotados. Essa rixa vai além da época do Antigo Testamento, pois podemos ver essa situação no Novo Testamento com a família de Herodes que é da linhagem de Esaú.

Outro bom exemplo bíblico clássico de sentir-se impotente, depender de outra pessoa até para se manter viva, é de Agar, a escrava egípcia de Sara, esposa de Abraão. Agar como escrava não tinha o direitos como nos dias atuais. Ela não poderia exigir seu salário, nem seguro desemprego, décimo terceiro ou mesmo férias proporcionais, restava-lhe apenas a obediência. Conhecendo sua situação de infértil, Sara, naquela época Sarai, entregou Agar a seu marido Abrão para que ele gerasse um filho e mantivesse sua descendência. Era esperado que Agar continuasse obediência em tudo a sua senhora, mas isso não aconteceu e por este motivo, ela é dispensada juntamente com seu filho Ismael.

Nos dias de hoje, a história de Agar e Ismael é usada para exemplificar a rejeição pela família de Abraão, bem como os sofrimentos vividos no deserto, a intervenção divina e a reconstrução de um novo povo sob as promessas de Deus. Eles foram rejeitados pela família abraãmica, no entanto, eles também tinham um grande valor aos olhos de Deus, pois eles são um belo exemplo do cuidado de Deus por todos aqueles que são rejeitados e desprezados. Assim, os recuperandos devem se espelhar na história desses dois personagens e procurar ver as coisas a longo prazo.

Reafirmamos que a dependência de qualquer droga lícita ou não, é um fenômeno ativo que se instala quando a pessoa desenvolve tolerância a determinada substância e portanto, acaba buscando a todo custo aquela substância, pois necessita compulsivamente conseguir a substância, para satisfazer seus desejos, impulsos e assim, aplacar a vontade provocada pela falta desta.

A dependência coloca o sujeito diante da necessidade de repetição do seu ato, em geral, caminha-se por caminhos que se bifurcam entre a dependência física e psíquica. Do ponto de vista deste autor, esse caminho entre a dependência física e psíquica não existiria, mas sim, um processo marcado pela repetição compulsiva da relação entre a pessoa com sua droga. Afirmo isto porque creio firmemente nas palavras do apóstolo Paulo quando diz: *"Todas as coisas me são lícitas, mas nem todas convêm. Todas as coisas me são lícitas, mas não me deixarei dominar por nenhuma delas"* (1 Co 6.12); *"Todas as coisas me são lícitas, mas nem todas convêm, todas as coisas me são lícitas, mas nem todas edificam"* (1 Co 10.23 ARA).

O que se conclui com esses versículos é que não devemos ser escravizados por coisa alguma, referindo-se aqui, as drogas. Não devemos pensar que as drogas ou qualquer outro vício pode resolver os problemas ou mesmo diminuir as tensões do momento. Também aprendemos através desses versículos que devemos ter autodisciplina, autocontrole, por esses motivos, devemos obedecer as leis, principalmente as divinas.

Drogas lícitas mais comuns no Brasil

Falar de drogas lícitas mais comum no Brasil, para muitos significa dizer nada, é falar do corriqueiro, do óbvio; é como se estivesse batendo em uma mesma tecla que todos estão cansados de saber e não traz mais novidades. No entanto, este tipo de pensamento é perigoso, pois denota aceitação, vulgarização e mesmo omissão que visa tirar do "problema de drogas" sua auréola sensacionalista.

Devemos combater este tipo de pensamento, inclusive para nós que somos cristãos, porque é importante termos o conhecimento da realidade que vivemos em nosso país. As drogas lícitas, são consideradas aquelas drogas legalmente produzidas e comercializadas que pagam seus impostos e geram empregos tanto na sua fabricação como na distribuição e venda. Nesse hall, cabe incluir os produtos lícitos, como álcool destilado, o tabaco, medicamentos e inalantes, então, neste ponto percebe-se que a droga não representa apenas uma questão de polícia, mas uma questão social, educativa e comportamental.

Esta classificação é simples, prática e substitui aquelas onde diversas questões que acabam mais complicando do que explicando, dizendo que algumas substâncias também têm utilidade medicinal; porém, havendo abuso ou uso indevido até de certos medicamentos, ao invés de trazer benefício, cura ou mesmo alivio da dor, pode provocar dependência.

A utilização do uso e principalmente do abuso de álcool como se sabe, sem nos ater em questões acadêmicas, é um vício progressivo que subjuga as pessoas psicológica e fisicamente, sem isentar também que é uma condição moral, pois cada pessoa é responsável por seus próprios atos. Seu uso, cria problemas e sofrimentos, com um altíssimo custo familiar e social, já o uso crônico do álcool, leva a uma degradação física, moral e familiar, provocando na falta do produto, uma síndrome de abstinência que pode ser algumas vezes, violenta.

A abstinência pode levar à morte por coma alcoólico ou por complicações orgânicas, como a cirrose, como tenho presenciado em membros de muitas famílias. Instiga com frequência a violência domiciliar, provocando acidentes, inclusive automobilísticos, bem como absenteísmo no trabalho. A utilização dessa substância como uso ocasional, tem um alto índice nas diversas classes sociais e não afeta todas as pessoas da mesma maneira, entretanto, todos apresentam comportamento semelhante.

Outra droga lícita comum no Brasil, apesar de muitos não aceitarem como tal, são os tranquilizantes que as pessoas normalmente adquirem nas farmácias, como os calmantes, vindo logo a seguir dos inalantes. Houve determinado tempo que os inalantes era como se fosse a droga que iniciava nossos jovens por esses caminhos, como exemplo, vemos a cola de sapateiro, thinner, acetona, como uso mais comum, principalmente entre meninos de rua, pessoas de baixa renda, menores infratores e mendigos que algumas vezes a utilizam para enganar a fome ou mesmo para os fazer esquecer da miséria em que eles estão vivendo. Mas devido a certas facilidades encontradas nos dias atuais, depois do cigarro, a droga ilícita iniciante costuma ser a maconha.

Os inalantes se revelam como uma droga altamente perigosa, devido à sua rápida absorção, principalmente pelos pulmões que atinge rapidamente a corrente sanguínea e tem um período de duração de poucos minutos; por este motivo, costumamos ver seus usuários com pequenos trapos nas mãos com a substância embebida e eles levando suas mãos fechadas ao nariz.

> Há muitas evidências de que o uso abusivo de solventes é mais danoso ao cérebro e a outros órgãos que o das drogas que chamam mais a atenção do público (cocaína, maconha, etc.). O risco de uma fatalidade também é muito maior.
> O uso está associado à síndrome da "morte súbita", ocasionada por falha cardíaca, que pode ocorrer em razão da sensibilidade do miocárdio à estimulação pela norepinefrina. Além disso, também existe o risco de prejuízos crônicos ao coração, aos pulmões, aos rins, ao fígado e aos nervos periféricos.
> Prejuízos psicológicos, psiquiátricos e comportamentais podem ocorrer a longo prazo e incluem: fadiga; esquecimento; dificuldade de pensar clara ou logicamente; irritabilidade; alterações de personalidade; redução da motivação, da vigilância e da iniciativa; depressão do humor; disforia; transtorno de conduta; psicose esquizofrênica e sensação de perseguição (FIGLIE, BORDIN e LARANJEIRA, 2015, pág. 108,109).

A síndrome de abstinência não foi bem documentada, no entanto, quando o usuário deixa de usar a substância, sofre algumas consequências que "inicia-se 24 a 48 h após a cessação do uso, pode durar de 2 a 5 dias e inclui perturbações do sono, tremores, irritabilidade, respiração acelerada, náuseas e desconforto no abdome e no tórax (idem, pág. 109).

A cafeína "é o estimulante mais utilizado e, talvez, a droga mais popular do mundo" segundo Figlie, Bordin e Laranjeira, mais consumida no café e no chá mate, estimula nosso sistema nervoso, no entanto, suas propriedades estimulantes, segundo alguns, inibem por um pequeno período, o sono. A cafeína se ingerida em pequenas doses, não parece trazer maiores riscos à saúde. Ela se encontra presente em nosso dia-a-dia em pequenas quantidades no chá preto, guaraná, nos energéticos e no refrigerante coca cola, no entanto, quanto a pessoa desenvolve úlcera, seu uso não é recomendado.

Pouquíssimas pessoas atentam para os efeitos físicos e psíquicos provocados pela cafeína, pois não a consideram como uma droga estimulante. Já recebi orientação médica de tomar café logo pela manhã em pequena quantidade, argumentando que apresenta benefícios como o aumento da circulação que provoca a dilatação nos vasos sanguíneos. No entanto, ao mesmo tempo foi dito que quando ingerido constantemente, pode produzir excitação, insônia, taquicardia, problemas digestivos e em sua ausência nervosismo e dores de cabeça.

> O Manual diagnóstico e estatístico de transtornos mentais IV (DSM-IV, diagnostic and statistical manual of mental disorders IV) reconhece a cafeína como substância psicoativa, que induz desordens psiquiátricas, cujas principais características são inquietude, nervosismo, excitação, insônia, enrubescimento da face, diurese, fasciculações dos músculos, pensamentos e discurso vagos e reclamações sobre o estômago (FIGLIE, BORDIN e LARANJEIRA, 2015, pág. 135).

A síndrome de abstinência relatada pela interrupção de ingerir cafeína, segundo os estudiosos, pode ocorrer 24 h após "e inclui dores de cabeça, irritabilidade, nervosismo, fadiga, alterações de humor, dores musculares, estado semelhante à gripe e a náuseas. A abstinência de cafeína também pode produzir declínio moderado de capacidade cognitivas simples, como atenção e concentração" (idem, pág. 135).

Nicotina, a substância que vicia

A nicotina que se encontra presente principalmente no cigarro, é uma substância química que causa dependência, pois seus usuários a maioria das vezes afirmam que ao fumar, sentem uma sensação de relaxamento, prazer no uso, trazendo alivio na pressão do momento. A descrição desses sintomas podem estar ligado diretamente ao nível de dependência tanto física como psicológica.

O Dicionário Eletrônico Aurélio, informa que o tabaco é uma "planta solanácea, originária da ilha de Tobago", originada das Antilhas, que foi "levado para a Europa pelos espanhóis e vulgarizado na França pelo embaixador Nicot", cujas folhas servem para fumar, cheirar ou mascar. Suas folhas depois de colhidas, secas e fermentadas, são transformadas em rapé, fumo ou rolos, ou seja, "tabaco para mascar ou para cigarros de palha".

O tabaco segundo estudiosos, afirmam que contém centenas de substâncias químicas prejudiciais à saúde, tais como doenças cardiovasculares, doenças respiratórias, causam ainda problemas no estômago, rins, útero e podendo causar impotência em estágios mais avançados, fato esse comprovado pelo alerta encontrado nos maços de cigarro.

Na mesma linha de pensamento, podemos encontrar nos léxicos explicações e alertas como a seguir:

> A intoxicação crônica pelo tabaco é provocada pelo efeito combinado do monóxido de carbono, de produtos irritantes (acroleína), de animas com efeito farmacológico (nicotina), de alcatrões que contêm produtos cancerígenos. O uso prolongado do tabaco contribui para a ocorrência de insuficiência respiratória, úlceras estomacais, afecções arteriais e para o desenvolvimento de vários tipos de câncer. O tabagismo é a principal causa dos cânceres de pulmão e contribui para a aparição de cânceres da hipofaringe. Existe ainda uma reação entre o tabaco e os cânceres da bexiga, já que as substâncias cancerígenas contidas no fumo são eliminadas pela urina. A frequência das doenças arteriais (coronanrites, arterites do membros inferiores) é duas vezes maior nos fumantes do que nos não-fumantes (Grande Enciclopédia Larousse Cultural, volume 22, 1998, pág. 5555).

Figlie, Bordin e Laranjeira (pág. 43), apontam diversos efeitos crônicos devido seu uso crônico, tais como cânceres do pulmão, laringe, cavidade uterina, esôfago, bexiga, pâncreas, rins. Doenças pulmonares: efisema, bronquite crônica, infecções respiratórias. Ataques cardíacos, arteriosclerose, aneurisma da aorta, ataques de angina, doenças coronarianas entre diversos outros efeitos aqui não relatados.

Apesar de agora a mídia apresentar poucas propagandas sobre cigarros, com a obrigatoriedade de ao final citar sobre o risco de seu uso, sabemos que o mesmo é uma droga estimulante que não possui qualquer efeito terapêutico e, provoca tolerância. Quando sua utilização é interrompida bruscamente, apresenta síndrome de abstinência e mesmo assim, seu consumo é protegido pelo governo devido a arrecadação de impostos que o mesmo gera. Entretanto é sempre bom ter em mente que nenhum tipo de cigarro é saudável para sua saúde, mesmo aqueles chamados de cigarros com baixos teores de alcatrão e nicotina.

Considerando todos os efeitos nocivos do fumo para nossa saúde, é fundamental não fumar, caso não consiga, reduza o hábito até a abstinência total. Participe de reuniões como Fumantes Anônimos, busque apoio nas igrejas que promovem culto de libertação, busque ajuda principalmente em Deus e medite nas palavras do apóstolo João: *"Se, pois, o filho vos libertar, verdadeiramente sereis livres"* (Jo 8.36). Sabemos que a libertação é um processo que requer mudança de atitude, de negação constante de nossos desejos carnais e os chamados culto de libertação nas igrejas, essa libertação desejada, pode não acontecer em um único culto, pois dependerá muito de sua busca pessoal e sendo esse o propósito de Deus para sua vida, verdadeiramente voce será liberto.

A questão é que pode-se encontrar cristãos fumantes, principalmente no catolicismo romano, pois esses tem a premissa de que a Bíblia nada diz a respeito do cigarro. Esta questão é importantíssima, porque ao analisarmos a Bíblia nada encontraremos de específico a respeito do fumo e nem uma lei dizendo que não devemos fumar. No entanto, devemos ter em mente de que a Bíblia nunca teve a pretensão de ser um livro cheio de regras e leis que diz o que podemos ou não fazer. Em suas páginas, podemos encontrar princípios que nos ajudam avaliar até esta situação de tabagismo que nos orienta a tomarmos decisões nesta área ou em qualquer outra.

Por este motivo, não podemos afirmar que fumar seja um pecado, mas como citado anteriormente, a Palavra de Deus apesar de não dizer explicitamente sobre tabagismo ou qualquer outra substância afim, mostra o texto de 1 Co 6.12 que pode ser aplicado a qualquer tipo de vício. *"Todas as coisas me são lícitas, mas nem todas as coisas convêm. Todas as coisas me são lícitas, mas eu não me deixarei dominar por nenhuma"* (ARC), em outras palavras, isto quer dizer não podemos deixar sermos dominados por qualquer vício ou outra coisa qualquer que não seja o Espírito Santo.

É notório que todos temos consciência de que fumar é prejudicial e um vício difícil de se vencer. É fato de que temos ouvido ou ao menos conhecemos alguém que morreu de câncer nos pulmões ou mesmo teve problemas cardíacos devido ao cigarro. O apóstolo Paulo ainda no capítulo 6 escreveu: *"Ou não sabeis que o vosso corpo é templo do Espírito Santo, que habita em vós, proveniente de Deus, e que não sois de vós mesmos? Porque fostes comprados por bom preço; glorificai, pois, a Deus no vosso corpo e no vosso espírito, os quais pertencem a Deus"* (1 Co 6.19,20). Tendo esses versículos em mente, como poderemos afirmar que alguém que fuma esteja honrando a Deus com seu corpo e espírito? Naturalmente, teremos sérias dificuldades de firmar e afirmar isso, por este motivo, é mais sensato que um cristão nunca fume e pode ser considerado como um pecado contra o próprio corpo.

No entanto, torna-se necessário esclarecer que, quando digo fumar é pecado, não estou afirmando em hipótese alguma que os fumantes perderão a salvação, pois o ato de fumar não impede uma pessoa de ser salva por Jesus. Fumar deve neste contexto ser tratado como outro pecado qualquer, deve ser confessado diante de Deus, deve ainda produzir temor, mudança de atitude para que o Senhor possa nos perdoar. Está escrito: *"Se confessarmos os nossos pecados, ele é fiel e justo para perdoar os nossos pecados e nos purificar de toda injustiça"* (1 Jo 1.9).

Meu ponto de vista pessoal é que o vício do cigarro deve ser abandonado imediatamente, mas sei que para isso, é necessário muita força de vontade e principalmente, buscar a Deus em oração, pois todo vício é difícil de se largar, pois ele escraviza a pessoa e faz com que ela perca seus valores. Podemos constatar através da degradação que ela se encontra, por este motivo, vemos muitos fumantes que quando não são libertos imediatamente deste vício por Deus, precisam de medicamentos ou acompanhamento médico e psicológico para se livrar do uso nocivo do cigarro.

Na recuperação, devemos buscar a Deus não com o coração dividido, precisamos nos entregar a Ele de todo nosso coração e vontade. Inegavelmente, o processo de recuperação envolve sempre deixar de lado a dependência, porque em algum momento de nossas vidas permitimos que o controle de nossa vida fugisse de nosso controle e como somos responsáveis por nossos atos, precisamos assumir a responsabilidade, fazendo o reparo necessário.

> Portanto, vício é o contrário da virtude, assim como o errado diverge do certo e as trevas fazem oposição à luz. Durante a Idade Média, os teólogos relacionaram os "vícios" aos denominados sete "pecados capitais". Os vícios eram identificados em um ou mais dos seguintes pecados mortais: orgulho, avareza, lascívia, inveja, glutonaria, ira e preguiça. Quanto a esses e aos demais pecados, somos exortados a rejeitar as obras das trevas e nos vestir das armas da luz (Rm 13.12) [...] As vidas viciadas no álcool, cigarros e demais drogas evidenciam ausência de paz de espírito, andam nas trevas e necessitam de urgente libertação (Gl 5.16; 1 Jo 2.8) (BAPTISTA, 2018, pág. 124).

O autor ao mencionar que "as trevas fazem oposição à luz", fez-me lembrar a passagem descrita em Jo 8.12 na qual Jesus diz: *"Eu sou a luz do mundo; quem me segue não andará nas trevas pelo contrário, terá a luz da vida"*. Ser a luz do mundo equivale dizer que Jesus ilumina e expõe o que estava oculto, serve de guia pelos caminhos da vida, por isso ele disse que aquele que o seguir não andará nas trevas, além de também o ponto de referência para estar em comunhão com Deus.

A escuridão tem seu lado positivo, pois a utilizamos para o descanso, no entanto, quando não queremos conhecer a vontade de Deus em determinadas áreas de nossas vidas, saímos da escuridão e entramos nas trevas. Estar em trevas é tentar esconder algo ou alguma coisa que não queremos enfrentar. Neste ponto a luz também é necessário. Se procuramos esconder um ato da qual nos envergonhamos, necessitamos de lançar luz para evitar tropeços (problemas). Jesus nos disse que é a luz do mundo, então não precisamos mais temer a luz de Deus, porque ele é nosso intercessor entre Deus e os homens. *"Meus filhinhos, escrevo a vocês estas coisas para que vocês não pequem. Se, porém, alguém pecar, temos um intercessor junto ao Pai, Jesus Cristo, o Justo"* (1 Jo 2.1).

Aqui é onde creio que as igrejas de um modo geral ou mesmo instituições que lutam contra as drogas, seja ela lícita ou não, podem ajudar as pessoas que desejam vencer esse vício. A motivação deve ser ajudar e não apontar o dedo ou mesmo criticar o usuário, pois seu lema deve estar baseado em Gl 6.1,2: *"Irmãos, se algum homem chegar a ser surpreendido em alguma ofensa, vós, que sois espirituais, encaminhai o tal com espírito de mansidão olhando por ti mesmo, para que sejas também tentando. Levai as cargas uns dos outros, e assim cumprireis a lei de Cristo"*.

Álcool

Pode-se dizer que o álcool é a substância mais antiga e mais consumida no mundo, pois tem-se registro de seu uso desde os tempos pré-bíblicos. É atribuído aos sumérios a criação da cerveja e nas páginas bíblicas, vemos seu uso na história de Noé, logo após o dilúvio universal. A definição apresentada pelo dicionário on line sobre álcool é que ele é um "líquido obtido mediante a destilação do vinho, de outras bebidas ou líquidos fermentados, também chamado espírito de vinho, álcool etílico. (Fórmula C_2H_5OH; ferve a 78°C e se solidifica a -112°C.)".

Seu uso inicialmente era artesanal, mas com a revolução industrial, passou a produzir esta substância em maior quantidade por um preço mais acessível, levando consequentemente o seu uso em maior escala e devido suas propriedades alcoólicas que alteram a percepção da mente e do corpo, passou a ser uma das drogas mais consumida. O uso prolongado dessa substância leva a pessoa a desenvolver tolerância e mesmo a dependência química, tornando-se assim, um alcoólatra.

> O abuso de álcool é um grave problema social, moral e de saúde pública. Ele separa famílias, arruína careiras, destrói corpos, acaba com amizades e provoca um sofrimento incalculável. As estatísticas variam de ano para ano, e de um lugar para outro [...] O álcool está envolvido em 41 por cento dos casos de agressão, 34 por cento dos estupros e 30 por cento dos suicídios. O Departamento de Justiça estima que quase um terço dos internos nas prisões nacionais ingeriram uma enorme quantidade de bebida alcoólica antes de cometerem os crimes que os levaram à cadeia. Uma recente pesquisa realizada pelo Instituto Gallup mostrou que uma em cada quatro famílias é afetada pelo álcool, um aumento significativo em relação às pesquisas anteriores (COLLINS, 2004, pág. 574).

Alcoólatra, segundo Hoff "é aquele que não pode deixar de beber todos os dias, ou quando começa a beber, é incapaz de parar [...] Beber torna-se a necessidade mais importante do viciado. O alcoólatra sente necessidade de beber continuamente para continuar funcionando..." (2005, pág. 212).

Seu efeito é tão nocivo que com a cessação imediata dessa droga, pode levar a síndrome de abstinência ao álcool que desaparece após nova ingestão, causando ao seu usuário certa desorientação, tremores. Além desses, Hoff ainda aponta alucinações irritação, nervosismo, depressão, não dormir bem e medo irracional. Enfatizando que "às vezes o alcoólatra decide deixar de beber, mas é incapaz de abster-se de beber permanentemente" (2005, pág. 212).

Assim como o cigarro, o álcool também causa dependência, apesar de ser uma droga aceita socialmente, a diferença é que, ao contrário do fumo, o álcool só se torna danoso quando consumido em excesso, e prejudica inicialmente apenas o usuário

Naturalmente, as pessoas que convivem com um alcoólatra, também sofrem indiretamente com os efeitos do vício, mas não com o álcool propriamente dito.

O uso de bebida alcoólica infelizmente é aceito em todos os países do mundo, podendo ser uma droga de socialização e de relaxamento após um dia de trabalho, esta visão é vista especialmente em filmes. No Brasil cuja impunidade é descarada e a conscientização é mínima, para não dizer quase nula, existe apenas uma restrição de que bebidas alcoólicas não podem ser vendidas para menores de 18 anos, isso faz com que sua comercialização seja de fácil acesso e com baixo custo a qualquer pessoa independente de sua classe social. Somado a isso, o censo comum atem-se ao estímulo provocado, a socialização que está associado o álcool com os prazeres, omitindo-se os danos que causam à saúde.

Devido a essa facilidade de conseguir bebidas alcoólicas em bares, supermercados e distribuidoras, a utilização do álcool tem promovido encontros, especialmente em festas e bailes, um número crescente de pessoas, principalmente de jovens e adolescentes. Nesta linha de raciocínio, podemos afirmar que o álcool é uma das drogas mais perigosas que o ser humano ingere.

O álcool tem efeitos devastadores não apenas no viciado, mas especialmente a seus familiares e mesmo no campo profissional e espiritual. Acreditamos que é bater na mesma tecla ao dizer sobre seus malefícios, escrevendo que afeta o fígado, pâncreas, rins, o cérebro, produzindo ansiedade, irritabilidade, câncer e cirrose. Entretanto, com forma didática apresentamos uma visão geral das consequências do alcoolismo:

> Quando é consumida continuamente em grandes quantidades, ataca o sistema respiratório, circulatório, digestivo e nervoso. O fígado de quem bebe se altera desde o começo, e com ele, todo o seu metabolismo. O álcool irrita e inflama o estômago e os intestinos, e faz a pressão arterial subir. O corpo o utiliza como qualquer outro alimento, mas o álcool é totalmente desprovido de vitaminas, minerais e proteínas. Não armazena energias, nem gera tecidos. O organismo humano desenvolve dependência ao álcool, e uma alta porcentagem de pessoas que o ingerem pode ser levada rapidamente à morte (HOFF, 2005, pág. 215).

As descrições apresentadas por Hoff apesar de serem sérias, ainda não reflete a totalidade causada ao organismo humano. Vemos esses e outros sintomas em maior escala nas descrições de Figlie, Bordin e Laranjeira, 2015, pág. 30,31.

✓ Distúrbios gastroenterológicos como doenças hepáticas alcoólicas (danos ao fígado), esteatose hepática (acúmulo de gordura nas células hepáticas), hepatite alcoólica, cirrose alcoólica, pancreatite aguda, pancreatite crônica, gastrite, síndrome de Mallory-Weiss (esgarçamento do esôfago causado por vômitos frequentes).

✓ Distúrbios musculoesqueléticos como gota, osteoporose, miopatia (dores intensas, hipersensibilidade, edema e fraqueza dos músculos esqueléticos).

✓ Distúrbios endócrinos: pseudossíndrome de Cushing "caracterizada por obesidade troncular e enfermidades delgadas, aparência pletórica, fácies de lua cheia, equimoses, estrias, fraqueza muscular e hipotensão".

✓ Hipogonadismo masculino (diminuição de testosterona plasmática).

✓ Câncer (orofaringe, faringe, esôfago, fígado e mamas).

✓ Doenças cardiovasculares: arritmias, hipertensão, doença cardíaca coronariana, miocardiopatia alcoólica (doença do músculo do coração).

✓ Doenças respiratórias

✓ Distúrbios metabólicos: hipoglicemia, hiperglicemia, cetoacidose alcoólica "acúmulo de ácido acético, levando à diminuição pH sanguíneo, e cujos sintomas principais são sonolência e prostração"

✓ Distúrbios hematológicos: anemia, macrocitose, deficiência de ferro, redução dos leucócitos e de plaquetas

✓ Distúrbios nos sistemas nervosos central e periférico: convulsões, degeneração cerebelar alcoólica, ambliopia alcoólica, síndrome de Wernicke-Korsakoff, encefalopatia por pelagra alcoólica, demência alcoólica, mielinose centropontina.

Ainda é relatado outros sintomas apresentados que não descreveremos para não tornar muito técnico. Os efeitos prejudiciais do álcool também atinge nossos familiares, está diretamente associado a brigas sem qualquer justificativa, agressões físicas e morais, ocasionando um sem número de separações conjugais; algumas vezes até ao abuso físico e sexual de crianças. Leva ainda a um possível colapso financeiro, pois o dinheiro na maioria das vezes é gasto com aqueles que eles denominam amigos, com tira-gosto, quando não o leva para outros vícios. Na área profissional, pode-se constatar algumas faltas injustificadas, possíveis atrasos, queda de produtividade, acidentes e em casos mais crônicos, o desemprego.

O fato é que atualmente a dependência do álcool entre outras substâncias, está sendo vista como uma doença, no entanto, antes de ser uma doença social, é uma doença de caráter que se instala aos poucos, devido ao uso contínuo de bebida alcoólica. Esse processo, normalmente começa pelo seu uso experimental e vai aos poucos aumentando, até se instalar uma dependência grave que foge ao controle de seu usuário.

> Dizer a uma pessoa: "Deixe de beber, pois isso prejudica sua família e o seu trabalho", é tão inútil quando dizer a um doente tuberculoso: "Deixe de tossir, pois isto incomoda os outros". O alcoólatra é como um homem que caiu em um poço profundo: se ele não recebe ajuda, vai ser quase impossível ele sair dali.
> [...] A pessoa começa a beber para aliviar a tensão e a fadiga, para afastar a desilusão, as frustrações e esquecer os problemas do lar e do trabalho. É uma espécie de fuga, um escape à realidade desagradável, seja essa pessoa um operário ou um executivo. O indivíduo desenvolve tolerância, isto é, tem que beber cada vez mais quantidade de álcool para "ficar bêbado". Ainda não são muito perceptíveis os sintomas do alcoolismo enquanto ele estiver desenvolvendo a dependência crônica. Ele pode caminhar bem, falar quase normalmente e a ressaca só aparece no dia seguinte (HOFF, 2005, pág. 212,213).

Tendo em vista o exposto, basta fazermos uma pergunta a nós mesmos para saber se é lícito um cristão fazer uso de bebida alcoólica, mesmo que seja uma pequena dose antes das refeições? Para um cristão ou para qualquer leitor das Sagradas Escrituras, ele tem conhecimento de que a Bíblia contém exortações que desencorajam seus leitores a fazerem uso de bebidas alcoólicas. Isto pode ser visto nos deveres dos sacerdotes descrito em Lv 10.8,9: *"Falou também o Senhor a Arão, dizendo: vinho ou bebida forte tu e teus filhos não bebereis quando entrardes na tenda da congregação, para que não morrais; estatuto perpétuo será isso entre as vossas gerações"*.

O que esta passagem pode nos ensinar? Harrison nos informa que "os sacerdotes oficiantes estavam proibidos de beber inebriantes antes de empreenderem seus deveres sacrificiais no tabernáculo. A desobediência a esta proibição resultaria na morte do transgressor" (2008, pág. 104). Champlin relata: "Israel era uma nação de vinho e de cânticos; mas os sacerdotes não podiam tocar em bebidas alcoólicas quando estivessem em serviço" (2001, pág. 510).

Colocada no seu contexto, Radmacher, Allen e House que essa advertência sugere antes de tudo, que a embriaguez havia levado Nadabe e Abiú a cometerem um ato blasfemo, porque "exercer o ministério perante o altar e ensinar aos israelitas todos os decretos exigiam o pensamento claro e a memória perfeita. O álcool não podia de forma alguma prejudicar o exercício santo dos sacerdotes" (2010, pág. 223).

A Bíblia de Estudo Aplicação Pessoal (pág. 150) esclarece o motivo de Deus haver punido com a morte esses sacerdotes: "Além disso, o ato de beber os tornaria desqualificados para ensinar ao povo as condições de Deus relacionadas à autodisciplina. A embriaguez estava associada às práticas pagãs e os sacerdotes judeus deveriam ser nitidamente distintos".

Nos dias de hoje, podemos tirar uma palavra chave desse ensinamento que é autodisciplina. Esta passagem ilustra sobre o autocontrole que devemos ter e assim como Deus exigia e impunha limites aos sacerdotes para realizarem seu trabalho e ser exemplo para aquela comunidade, assim também ilustra nossa necessidade de ter limites e autocontrole. Lembre-se que as ações falam mais alto do que qualquer palavra e que os planos de Deus, muitas vezes exige disciplina e autocontrole que também podem ser obtidos através de trabalho e luta.

Outras recomendações podem ser vista como na lei do nazireado, conforme descrito no livro de Nm 6.3, ou quando o Anjo do Senhor anunciou o nascimento de Sansão (Jz 13.4,7,14), além de ensinamentos constantes no livro de Provérbios: *"vinho é escarnecedor e a bebida forte, alvoroçadora; todo aquele que por eles é vencido não é sábio"* (Pv 20.1); ver outros ainda em Pv 31.4,6; Is 5.11,22,23; 28.7,8; Lc 1.15.

No entanto, as Escrituras ao contrário do que alguns dizem, não proíbe que um cristão faça uso de bebidas alcoólicas e alguns chegam ao ponto de utilizarem esta falta de proibição explícita, para fazerem uso. Argumentam que aos cristãos, é ordenado que evitem a embriaguez, porque a embriaguez altera o raciocínio, o bom senso da pessoa, tira a inibição e faz ela perder a motivação de fazer o que é certo. As Escrituras não pode ser considerado um manual de regras exaustivo, onde podemos encontrar tudo o que se deve evitar ou que se pode fazer, no entanto, as Escrituras não é um livro engessado, ela nos aponta o caminho, faz exortações, nos orienta, guia para uma vida melhor.

Encontramos uma exortação de Paulo em 1 Co 6.12 que podemos aplicar a esta questão: *"Todas as coisas me são lícitas, mas nem todas convêm. Todas as coisas me são licitas, mas eu não me deixarei dominar por nenhuma delas"*. Por estes motivos, antes de aceitarmos a falácia das argumentações usadas que minimizam a utilização de bebidas alcoólicas ou mesmo, aquelas consideradas com zero teor alcoólico, somos recomendados a nos encher do Espírito, ou seja, viver continuamente sob a influência do Espírito Santo (Ef 5.18). Ser cheio do Espírito Santo é a mesma coisa que andar no Espírito e com isto, vemos a incompatibilidade de ingerir bebidas alcoólicas e ao mesmo tempo ser cheio do Espírito Santo.

A Bíblia condena enfaticamente a embriaguez e seus efeitos (Pv 23.29-35). Como vimos, aos cristãos também é ordenado que não permitam que seus corpos sejam "controlados" por coisa alguma (1 Co 6.12) proibindo também que se faça qualquer coisa que possa ofender outros cristãos ou mesmo que possa encorajá-los a pecar contra sua consciência. Isto é visualizado nas palavras que o apóstolo Paulo escreveu: *"Vede, porém, que esta vossa liberdade não venha, de algum modo, a ser tropeço para os fracos. Porque, se alguém te vir a ti, que és dotado de saber, à mesa, em templo de ídolo, não será a consciência do que é fraco induzida a participar de comidas sacrificadas a ídolos?*

E assim, por causa do teu saber, perece o irmão fraco, pelo qual Cristo morreu. E deste modo, pecando contra os irmãos, golpeando-lhes a consciência fraca, é contra Cristo que pecais. E, por isso, se a comida serve de escândalo a meu irmão, nunca mais comerei carne, para que não venha a escandaliza-lo" (ARA, 1 Co 8.9-13).

Um detalhe importante é dizer que aqueles que ensinam que a bebida é proibida por Deus, está na realidade distorcendo as Escrituras, pois, assim como sou contra o uso de qualquer substância alcoólica ou tóxica, alguns chegam ao ponto de ensinar que esses não são verdadeiros cristãos e impõe o não uso como condição de salvação. Entretanto, à luz desses princípios, é muito difícil dizer que um cristão que fuma ou faz uso de álcool, esteja fazendo isso para a glória de Deus ou que isso agrade a Deus; *"Portanto, quer comais, quer bebais ou façais outra coisa qualquer, fazei tudo para a glória de Deus"* (I Co 10.31).

"E não vos embriagueis com vinho, no qual há devassidão, mas enchei-vos do Espírito" (Ef 5.18), e o mesmo pode ser dito para aqueles que são dominados e não possuem domínio próprio, *"Todas as coisas me são lícitas, mas nem todas as coisas convêm. Todas as coisas me são lícitas; mas eu não me deixarei dominar por nenhuma delas"* (1 Co 6.12). Concordo com essas pessoas que dizem que as Escrituras não condenam o uso do vinho, mas o seu abuso, o excesso e a embriaguez, mas também devemos nos ater que o vinho em algumas passagens bíblicas, é utilizado como vinho medicinal. Então, devemos nos perguntar quando a utilização do vinho é abusiva? Em resposta direta sem nos ater nas implicações, diremos que a utilização do vinho é abusiva quando é ingerido em excesso, quando passa a ser dominado por ele, dá mau testemunho cristão. Na Bíblia, a ingestão de bebida alcoólica pode ser considerada abusiva, quando esta prática ofende a consciência de outro cristão (recomendamos a leitura de Rm 14.13-21; 1 Co 8.9-13).

Foi dito anteriormente que somos recomendados a nos encher do Espírito Santo e ser cheio do Espírito Santo, é a mesma coisa que andar no Espírito. Quando estamos cheio do Espírito Santo, é bem diferente do que quando estamos cheio ou sob influência de bebida alcoólica ou alcoolizados. Normalmente, na pessoa alcoolizada é perceptível a mudança de comportamento, ela se desinibe, algumas vezes perde o controle de si mesmo, perde o pudor, a vergonha. Já aquele que está cheio do Espírito Santo, ao contrário disso, tem controle de si, pois o domínio próprio é um dos frutos do Espírito, pois enquanto a pessoa alcoolizada, a maioria das vezes agem de modo insensato, a pessoa cheia do

Espírito Santo, age de modo oposto a esses; ela tem a sensação de contentamento, de prazer, sente deleite, porque se torna mais humana, mais parecida com Jesus.

Se o Espírito Santo habita em nosso corpo, pois somos templo do Espírito (1 Co 6.19,20), então porque contaminar esta habitação com substâncias que não trazem qualquer benefício? As drogas são substâncias químicas que provocam alterações no organismo, causam dependência e podem causar morte, invalidando assim, o sacrifício vicário de Cristo na cruz.

"Ou não sabeis que o nosso corpo é o templo do Espírito santo, que habita em vós, provenientes de Deus, e que não sois de vós mesmos? Porque fostes comprados por bom preço; glorificai, pois, a Deus no vosso corpo e no vosso espírito, os quais pertencem a Deus" (1 Co 6.19,20). A Bíblia de Estudo Pessoal comenta:

> O que Paulo quis dizer quando mencionou que o nosso corpo pertence a Deus? Muitas pessoas dizem que têm o direito de fazer o que quiserem com seu corpo. Embora pensem que isso, seja liberdade, estão na realidade escravizadas por seus próprios desejos. Quando nos tornamos cristãos, o Espírito Santo passa a habitar em nós. Assim sendo, o nosso corpo não nos pertence mais. O fato de Deus ter nos comprado "por bom preço" alude nossa condição de escravos adquiridos em um leilão. A morte de Cristo nos libertou do pecado, mas nos obriga a servi-lo. [...] Por seu corpo pertencer a Deus, voce não deve violar os padrões de vida estabelecidos pelo Senhor (nota marginal, pág. 1591)

Neste ponto, é viável realizar a pergunta: há esperança para o alcoólatra? Como resposta afirmamos que sim por diversos motivos, sendo que o primeiro deles é que Deus está pronto a ajuda-los e transformá-los em uma nova pessoa se voce se achegar a Ele. Segundo, porque podemos contar ainda com auxílio de organizações como o Alcoólatras Anônimos (AA) e terceiro, porque existe ainda tratamento no nível físico tal como a injeção de apomorfina que provoca espasmos na pessoa quando ingere bebida alcoólica, bem como aplicação de descargas elétricas, tratamento esse chamado de reflexo condicionado.

No entanto, essas duas últimas opções (injeção de apomorfina e descargas elétricas), não são viáveis por motivos óbvios, tendo ainda o agravante da técnica de reflexo condicionado de afetar a memória da pessoa, conforme nos informa Hoff. A maneira menos agressiva é buscar a Deus, uma ajuda psicológica e apoio familiar. É necessário antes de tudo, que o usuário reconheça que é dependente e encontra-se impotente perante a bebida.

Orientamos que não se deve criticar, condenar o usuário, principalmente quando estão bêbados ou fizeram ingestão de álcool, pois isso pode provocar efeitos indesejados e contrários, tais como aumentar o complexo de culpa que poderá leva-lo mais rapidamente de volta as bebidas. Também não se deve bajular, fazer a pessoa promete parar de beber, ameaçar, esconder ou quebrar as garrafas de bebida, insistir que tenha força de vontade, fazer que ela se sinta culpada ou mesmo fazer um sermão a respeito. Devemos falar apenas o básico. Não precisamos ser bons em ganhar discussões ou fazer sermões, o que precisamos é ser bons para escutar e mostrar que realmente nos importamos com eles.

Lembrando que discutir com eles nessas condições, é dar a eles desculpas para voltar a beber. É necessário manter o controle emocional e da situação. Também não se deve compadecer dele ou dela e muito menos "dar gelo" ou "colocá-lo na geladeira" como muitos dizem. Isolar a pessoa é agravar a situação do momento. É necessário enfrentar o alcoólatra sabiamente, com determinação e franqueza.

No entanto, e bom ter em mente que na situação de recuperação, devemos procurar entender que ao confrontarmos a pessoa no calor do momento, é assumir o risco de colocar tudo a perder, pois pode levar a pessoa tanto a cura como a perdição. Por este motivo, devemos "esfriar a cabeça", confrontar a pessoa com amor e humildade, crendo que Deus olha por nós, tem solução para esse problema, porque ninguém começa a beber pensando em se tornar alcoólatra.

Tenha em mente que no processo de recuperação, não existe cura fácil sem a intervenção direta de Deus, por isso o caminho é difícil de se trilhar e nessa caminhada é provável que haja recaída. Uma maneira de ajudar o usuário nessa caminhada é conceder perdão sincero a ele pela sua fraqueza de procurar respostas na bebida, dando carinho e apoio incondicional e juntos confiar que o melhor de Deus ainda está por vir. A recaída não poderá nunca ser vista como o final de uma recuperação, pois mesmo que voce recaía, saiba que em Jesus Cristo voce sempre encontrará esperança de restauração.

Lembre-se de que a hora de se libertar do álcool é agora, não deixe para depois, contudo, devemos ter consciência de que ficar livre do álcool nem sempre quer dizer não depender de outra droga. O caminho da recuperação como vemos afirmando é um processo que dura a vida inteira, dia após dia, assim como deve ser nosso relacionamento com Deus.

Maconha

Nos dias de hoje, a maconha é a droga ilícita mais usada no mundo e é consumida na forma de cigarro. A definição encontrada foi:

> Denominação dada às folhas e flores de uma variedade do cânhamo (Cannabis sativa) que, secas e torradas, são usadas como narcótico.
> As substâncias psicoativas encontradas na maconha são os canabinois solúveis na corrente sanguínea, das quais a principal é o delta-9-THC (tetrahidrocanabinol ou THC). O THC e encontrado na maior concentração nas plantas femininas. Os efeitos do THC no organismo ocorrem em duas fases. Na primeira, o indivíduo tem uma sensação de bem-estar e relaxamento de leveza do corpo, há alteração na percepção do tempo e confusão de ideias, ocorre aceleração da frequência cardíaca, diminuição da salivação, congestionamento dos olhos e dilatação das pupilas. Na segunda fase, o indivíduo sente sonolência e desmotivação ou, no contrário, insônia e excitação nervosa, possível irritação, ansiedade e tensão. O aumento súbito do apetite nesta segunda fase é um sintoma característico. O uso contínuo da maconha pode levar a uma tolerância orgânica (1998, volume 15, pág. 3716,3717)

Esta sucinta definição mostra um quadro geral do que seja a maconha, no entanto, não há referência de intenções da legalização dessa droga e houve até movimento público, conhecido como passeata ou marcha da maconha, onde pessoas andaram pelas principais ruas de sua cidade, pois segundo esses defensores, ela não é tão nociva quanto o álcool e havendo a legalização, seu uso pode cair, pois "tudo aquilo que é proibido é mais gostoso e desejado".

Esse erro de pensamento, mostra o quanto uma pessoa pode distorcer uma realidade. Existem países que liberaram o uso dessa droga, com algumas restrições, mas não foi visto essa diminuição tão citada e em contrapartida, também existem países, assim como o Brasil que timidamente, combate o seu uso. Nos países em que a maconha foi liberada para o uso em locais fechados, não se obteve nenhum resultado positivo ao contrário, aumentou o número de usuários e consequentemente o uso de viciados, conforme nos informa Djalma Santos em seu livro, nas páginas 24 e 25.

> Nos países em que a maconha foi descriminalizada, ou seja, não constituindo mais crime o seu uso, não se notou nenhum avanço no sentido de minimizar os efeitos nocivos dessa droga que muitos filósofos de ocasião dizem ser inocente; ao contrário, aumentou consideravelmente o número de viciados e de internações de usuários como aumentou também o número de óbitos decorrentes do uso das drogas. Outro detalhe interessante a observar é que a maconha serve de início para o uso de drogas mais pesadas e de maior efeito fatal para o viciado; hoje já se sabe que quase todo viciado em cocaína, heroína ou ópio já passou pelo estágio da maconha.
> Do mesmo ponto de vista, quase todo viciado em maconha já passou pelo estágio do cigarro, sendo importante ressaltar que o hábito do fumo é uma porta aberta para todo tipo de viciação, e quase ninguém nota isso (SANTOS, 2015, pág. 38).

O uso e os efeitos da maconha não são desconhecidos em nossas famílias, especialmente entre os cristãos, pois muitos pais procuram orientação com seus líderes (pastores, padres ou líderes espirituais) porque se preocupam e mesmo se entristecem pelo interesse de seus filhos por esta droga.

> Tecnicamente a maconha é um sedativo, mas seu efeito inicial é estimulante. Ao fumá-la, o indivíduo sente quase imediatamente uma sensação de euforia, uma espécie de delirante frivolidade e uma ligeira náusea. Em seguida essa sensação aumenta e a pessoa se sente leve, quase a ponto de voar. Ela perde toda a noção de tempo e a orientação espacial [...] A maconha, quando é usada regularmente, impede as funções cerebrais, tira a energia e causa fadiga e apatia (HOFF, 2005, pág. 228).

Em contrapartida, Santos lembra que o uso constante da maconha, apresenta outros sintomas:

> O uso por muito tempo da maconha produz os seguintes efeitos no organismo humano: aumento de frequência cardíaca, congestão das conjuntivas, secura na boca, falta de apetite, sonolência diária, cólicas renais. Altera também o comportamento do usuário, a saber: euforia exagerada, risos despropositados, gracejos, zombarias, perda de inibição ao falar, exibicionismo em público etc. (SANTOS, 2015, pág. 39).

Somados a esses, Figlie, Bordin e Laranjeira (pág. 97), apontam ainda para letargia, dor de cabeça, irritabilidade, diminuição da coordenação motora, alterações de memória e da concentração, depressão, ansiedade, ataques de pânico, tosse seca, congestão nasal, bronquite crônica, infertilidade, impotência entre outros mais.

Apesar de muitas pessoas dizerem que a maconha não produz tanta dependência em relação a diversas outras drogas, é necessário enxergar que a realidade é exatamente o contrário. Além da dependência física, ela ainda torna o seu usuário psicologicamente dependente, além do fato dela conduzir o usuário a experimentar outros tipos de drogas mais potentes.

Estudiosos afirmam valores terapêuticos da cannabis para tratamento de dores reumáticas e doenças femininas, assim como no tratamento de náuseas, vômitos com efeitos analgésicos, antiespasmódicos e anticonvulsivantes. Entretanto, não é mencionado a vermelhidão dos olhos, observados em pessoas que acabaram de fumar maconha, alteração na capacidade motora da pessoa, seu comportamento antissocial, levando ainda em consideração a dificuldade de enfrentar desafios e lidar com as frustações.

> Diversas investigações científicas têm gerado provas de que fumar habitualmente maconha prejudica o cérebro, altera o metabolismo e afeta os pulmões. Parece que os piores danos dessa droga têm a ver com o cérebro e a reprodução, pois a maconha afeta o espermatozoide o homem e pode danificar permanentemente os óvulos da mulher (HOFF, 2005, pág. 229).

A abstinência de seu uso, leva seus usuários a uma certa irritabilidade, dores musculares, náuseas, sensação de frio, diarreia e tremores. Além disso tudo, podemos dizer que a maconha contêm substâncias cancerígenas e causam problemas de saúde parecidos com os fumantes de tabaco.

Um ponto que vemos nessa controvérsia sobre a maconha que alguns apontam como uma droga como qualquer outro medicamento, é uma falácia que não se sustenta, pois primeiramente devemos nos lembrar que os medicamentos são drogas administradas com o objetivo de restaurar a saúde do corpo humano. Já a maconha tem outro objetivo completamente diferente e apresenta um perigo para a saúde do seu consumidor.

A Bíblia por outro lado, também não diz se fumar maconha seja pecado, mas seus textos indicam que devemos evitar substâncias que alteram nosso raciocínio e comportamento. No entanto, também é bom lembrarmos que se trata de uma droga ilícita, ou seja, não tem apoio da lei e das autoridades, ou seja, são proibidas por lei, assim como a cocaína, a heroína, a morfina, o ópio e o crack entre outras.

Se a maconha é uma droga ilegal, certamente não se tornará legal ou lícita segundo a vontade de Deus, porque você estará na realidade, desrespeitando uma lei. A submissão as autoridades é um conceito pouco valorizado em nossa cultura. No entanto, a obediência às autoridades pode ser visto conforme abaixo:

"Todo homem esteja sujeito às autoridades superiores; porque não há autoridade que não proceda de Deus e as autoridades que existem foram por ele instituídas. De modo que aquele que se opõe à autoridade resiste à ordenação de Deus e os que resistem trarão sobre si mesmos condenação. [...] É necessário que e estejais sujeitos, não somente por causa do temor da punição, mas também por dever de consciência por esse motivo, também pagais tributos, porque são ministros de Deus, atendendo, constantemente a este serviço. Pagai a todos os que lhes é devido: a quem tributo, tributo; a quem imposto, imposto; a quem respeito, respeito; a quem honra, honra" (Rm 13.1,2,5-7).

Alguns defensores e consumidores da maconha, chegam ao absurdo de dizer que não é errado fumar maconha, que faz bem à saúde, já que ela é uma planta natural e por este motivo eles a chamam de erva. Realmente essa erva como todas as outras plantas, foi criada por Deus e os usuários tem sorte pelo fato dos produtores dificilmente a venderem na sua pureza, porém, este autor crê que Deus não a fez, nem a colocou no mundo para prejudicar a saúde humana e principalmente para dominar o ser humano através do vício. O ponto principal é que todo vício leva a dependência e a escravidão. Ninguém deve ser escravizado por coisa alguma, tendo em vista que Jesus nos fez livres através de seu sacrifício vicário na cruz e a maconha diferente de nos tornar livres, escraviza.

2 Pe 2.19 está escrito: *"Prometendo-lhes liberdade, quando eles mesmos são escravos da corrupção, pois aquele que é vencido fica escravo do vencedor"*

"Para a liberdade foi que Cristo nos libertou. Permanecei, pois, firmes e não vos submetais, de novo, a jugo de escravidão" (Gl 5.1).

Ser livre é conhecer a verdade sobre aquele que verdadeiramente nos liberta (Jesus Cristo) e também conhecer outra verdade: que somos escravos do pecado e incapazes de controlar a nossa vida de forma eficaz. Quando afirmamos que somos livres a fazer o que bem entender, a verdade é que nesse momento perdemos a liberdade, porque a verdade nos conduz a liberdade e uma afirmação desse tipo, nos leva a libertinagem, ao engano, à escravidão.

Sabemos que um dos efeitos da maconha no cérebro, é a sensação de leveza, de uma pseudo paz, mas essa sensação dura apenas alguns minutos, apenas em Jesus Cristo encontramos a verdadeira paz. Por isso, não nos deixemos enganar com argumentos falíveis e nem pela falsa promessa que a maconha e outras drogas possam proporcionar.

Mais uma vez afirmamos que a Bíblia orienta seus leitores a apresentarem suas vidas ao Senhor de maneira semelhante a de Cristo: *"Rogo-vos, pois, irmãos, pelas misericórdias de Deus, que apresenteis o vosso corpo por sacrifício vivo, santo e agradável a Deus, que é o vosso culto racional"* (Rm 12.1).

Nosso Senhor Jesus Cristo veio a terra para cumprir à lei e os profetas, para ser o cabeça da igreja, como cordeiro pascal que *"morreu, uma única vez, pelos pecados, o justo pelos injustos"*, para nos conduzir a Deus (1 Pe 3.18), segundo a vontade do Pai. Finalizando esta questão, temos a dizer que apesar de Deus ter criado a planta da maconha, a medicina encontrou utilização com propriedade medicinais quando utilizada corretamente e por este motivo, não devemos usá-la para qualquer outro fim, pois não traz benefício para nossa saúde.

O ponto importante de tudo isso, não está no fato de Deus haver criado a planta chamada maconha ou a má utilização do ser humano dessa planta, mas é saber o que pode ser feito para ajudar um usuário a se livrar do mau uso e de seu vício. Primeiramente, temos a dizer que internação em hospital ou mesmo uma clínica de recuperação, pode trazer uma resposta imediata, talvez não permanente, pois o usuário poderá procurar novamente essa substância, por isso, nem sempre esta será a solução permanente.

Temos a dizer que a verdadeira conversão a Cristo tem se mostrado mais eficaz neste sentido. No entanto, como temos afirmando repetidamente, o usuário deve reconhecer que é um dependente, está impotente perante a droga, que usando apenas sua própria força será uma recuperação mais lenta e que Deus está disposto a ajuda-lo a romper o elo de escravidão entre o usuário e a droga, no entanto, basta a pessoa se submeter de coração a Cristo e obedecer à sua palavra.

A ajuda dos familiares é também bem vista e necessária. Para esses, temos a dizer que não se deve dar dinheiro, apesar das histórias contadas e ou ameaças relatadas. É fato que todos os usuários de drogas em geral, tem a grande tendência de querer manipular as pessoas próximas, com a finalidade de conseguir a droga de preferência.

A minoria quando não consegue dinheiro em espécie com seus parentes mais próximos e amigos, lançam mão de vender objetos de sua casa. Escondido dos familiares, vendem roupas ou tudo aquilo que possam carregar para conseguir recursos de comprar a droga, não se importando com todo o trabalho realizado para se adquirir esses objetos e outros chegam ao ponto de enveredar o caminho do crime, quando não muito, para a prostituição masculina ou feminina.

Se Deus não curar a pessoa e der libertação das drogas, então, é necessário partir para outros caminhos com ajuda profissional ou grupos de ajuda como o Narcóticos Anônimos (NA), sem contudo, abandonar o lado espiritual que torna todo o processo ineficaz, porque é um processo contínuo que se deve galgar dia após dia.

Lembrando que ninguém amadurece psicologicamente sem lutas, por isso, Deus e a orientação espiritual são dois poderosos recursos para qualquer usuário em recuperação ser liberto, pois a medida que a pessoa amadurecer como pessoa e crescer espiritualmente, certamente alcançará vitória sobre a dependência de drogas.

Cocaína

"Alcalóide, $C_{17}H_{21}NO_4$, que se extrai das folhas de coca, anestésico de superfície e potente estimulante do sistema nervoso central (É procurada pelo estímulo intelectual que proporciona, mas gera intensa dependência psíquica; a cocainomania é clinicamente próxima das toxicomanias por anfetaminas)" (1998, vol. 6, pág. 1472).

A produção da cocaína tem como base as folhas de coca que passa por alguns estágios até chegar a forma de sal, vendida como pó, por este motivo, é mais conhecida como farinha. O produto final, a cocaína em pó não é fumada, normalmente é injetada ou mesmo inalada. Alguns usuários compulsivos, costumam acrescentar o álcool para que os efeitos produzidos se prologuem.

> A cocaína e o ópio são rotulados como drogas de elite, com preços altíssimos, utilizadas por pessoas de classes altas, e por isso fora do alcance do homem comum, mas nem assim deixam de circular em ambientes comunitários, onde, devido ao fluxo intenso de gente, torna-se uma tração irresistível para os traficantes, que aceitam receber menos, desde que vendam muito (SANTOS, 2015, pág. 32).

Esse autor ainda acrescenta que a cocaína realiza um "efeito destruidor nas terminações nervosas", atinge o útero provocando retardamento biológico, faz "com que o viciado viva sempre em sobressaltos, desconfiando de todos, solitário, vazio, sem nenhuma perspectiva de solução para esse problema" (pág. 33).

Da cocaína se produz outras drogas que misturados com as substâncias que são rejeitadas, se produz o crack que é mais conhecido como pedra. Os efeitos iniciais normalmente é o mesmo de muitas outras drogas, como euforia, desinibição, sensação de poder, dilatação das pupilas, aumento da resistência física, etc. O uso contínuo pode causar paranoia e aparecer sinais de irritabilidade ou mesmo agressividade e mesmo dependência psicológica.

Os efeitos agudos apontados por Figlie, Bordin e Laranjeira, pág. 58, apontam hipertensão, arritmias, infarto do miocárdio, dores de cabeça, convulsões, hemorragia cerebral, náuseas, vômitos e diarreia, anorexia, má nutrição, rinite crônica, tosse crônica, dores torácicas, lesões nas vias respiratórias, edema pulmonar, infecções por compartilhamento de seringas (HIV, Hepatite B ou C, tétano, contaminação por bactérias que se instalam no coração e nas válvulas) e outras 36 complicações descritas.

Tenho observado pelos jornais que pessoas famosas, principalmente artistas e cantores que se encontram na classe financeira relativamente alta, vem perdendo sua vida por overdose de cocaína. A isto, Santos complementa informando que "a cocaína e o ópio, estão em hotéis de luxo, em mansões e casas de veraneio, geralmente pagas pelos viciados de poder aquisitivo alto, e que não se negam em pagar o que eles pedem, porque o pagamento não é só pela droga, mas principalmente pelo silêncio" (pág. 35).

Apesar da Bíblia não fazer uma referência específica sobre este tipo de drogas ou diversas outras que estão no mercado, na realidade, ela nos instruí em preservar o nosso corpo e consequentemente a nossa mente e espírito, pois somos exortados a nos manter sóbrios e vigilantes. No entanto, o que vemos nos dias de hoje é nossos jovens mergulhando de cabeça nos vícios.

Biblicamente falando, o cristão deve evitar qualquer tipo de substância que altere seu raciocínio, pois o seu corpo é morada do Espírito Santo e as drogas são incompatíveis com seu modo de vida e em hipótese alguma, deve se envolver com essas substâncias como cigarro, álcool, maconha, cocaína e etc., essas são algumas das drogas que destroem a vida de quem as utiliza, bem como daqueles que convivem com seus usuários.

Como foi escrito anteriormente, normalmente os usuários utilizam as drogas como um meio de escape da realidade, contudo, a pessoa que não tem o amadurecimento espiritual, não crê na benevolência e amor de Deus, procurará fazer uso de drogas. Por este motivo, cremos que as igrejas podem realizar um bom trabalho nesta área, trazendo resultados mais eficazes na libertação dessas pessoas. As pessoas que conhecem e aceitam a Jesus Cristo, como seu único salvador e Senhor não precisa correr atrás de prazeres momentâneos, mas isto não quer dizer que todos aqueles que o aceitam, estejam isentos de cair nessa armadilha chamada drogas.

Devido a vulgarização das drogas que é vista e comentada em todos os meios, é necessário que a igreja oriente seus membros e filhos de sua membresia a respeito das drogas, impedindo assim, a desinformação e aproximação de pessoas inescrupulosas que as possam iniciar nesse perigoso caminho. Entretanto, esta atribuição não deve ser deixado exclusivamente para a liderança da igreja, pois este é antes de tudo, um dever dos pais que devem ficar atentos ao comportamento de seus filhos e também de ministrar a Palavra de Deus.

O papel da igreja e sua liderança neste sentido, pode às vezes restringir em auxiliar os pais a administrar esses conflitos, impedindo que tanto os pais que não tem experiência, como seus filhos de serem enganados pela ilusão das drogas. Contudo, é muito bom saber que se pedirmos a Deus sabedoria e discernimento, poderemos usar esses conflitos a nosso favor, como oportunidade para crescermos e vencermos essas situações.

Lamentavelmente a igreja e sua liderança tem se empenhado pouco nesta área, devido à falta de conhecimento e experiência. Isto pode ser sentido quando um recém convertido ou mesmo um irmão ou irmã em Cristo recaem e enveredam novamente para esse caminho. A maioria das vezes, a liderança fica extática por um período de tempo e lançam mão de orientações bíblicas, algumas sem fundamento ou então, orientam procurar ajuda profissional por não se sentirem aptos a lidar com a situação. A igreja pode e deve agir no lugar dos pais e familiares, ajudando-os dentro de suas limitações em fazer o usuário voltar a desfrutar uma vida plena de comunhão com Cristo, pois em Cristo há esperança de recuperação.

Entretanto, como nosso Deus é maravilhoso, Ele envia e coloca pessoas em seu meio para suprirem a deficiência encontrada nas igrejas e coloca no coração dessas pessoas que são tocadas pelo Senhor, criarem ou mesmo apoiarem casas de recuperação, levando uma palavra de consolo e vida dada por Deus. Esses redutos que visam a recuperação, se faz cada vez mais necessário em nossa sociedade.

Devemos ter em mente que Jesus Cristo é o personagem central de toda a Bíblia e através dele podemos encontrar a salvação, cura, perdão de todos os nossos pecados. Somente Jesus tem poder para libertar os cativos de seus cativeiros, inclusive os dependentes do pó. É este Jesus que nos faz o convite para ir a ele todos aqueles que estão cansados e oprimidos que ele os aliviará (Mt 11.28). Este mesmo Jesus enfatiza: *"Tomai sobre vós o meu jugo e aprendei de mim, porque sou manso e humilde de coração e achareis descanso para a vossa alma. Porque o meu jugo é suave e o meu fardo é leve"* (Mt 11.29,30).

Ao analisar bem a situação, voce poderá concluir que quem poderia estar mais cansado, oprimido do que aquele que utiliza drogas; o fardo das drogas é pesado, porque obriga seus usuários a viverem em constante estado sombrio, sem esperança, sem tréguas e as vezes deprimido. Lembre-se dessas palavras de Jesus e saiba que não são apenas palavras, é uma promessa. Ninguém consegue verdadeiramente ser feliz usando drogas.

Anfetaminas

> As anfetaminas são potentes estimulantes do sistema nervoso central, capazes de criar dependência em razão de seus efeitos euforizantes e de sua habilidade de reduzir a fadiga e aumentar o estado de alerta. São substâncias sintéticas deste grupo faze parte, além da própria anfetamina, vários outros derivados, como femproporex, metilfenidato, pemolina, mazindol, dietilpropiona e metanfetaminas. Apesar de seus efeitos capazes de causar dependência química, as anfetaminas podiam ser prescritas para fins clínicos. Atualmente, com sua venda proibida, o abuso dessas substâncias é cometido por pessoas que as conseguem de forma ilegal (FIGLIE, BORDIN e LARANJEIRA, 2015, pág. 100).

Esses autores reatam que a anfetamina foi sintetizada em 1887 por um farmacêutico alemão chamado Edeleano, sendo que somente em 1910 foi testado em animais de laboratórios, porém seus efeitos foram descritos por Gordon Alles, dezessete anos depois, quando Alles ingeriu essa substância que pode ser administrada via oral, intravenosa, nasal e via pulmonar.

As metanfetaminas são formas de anfetaminas mais potentes, por isso, são drogas perigosíssimas, imprevisíveis e letais, conhecida por muitos nomes, tais como: gelo, vidro, speed, cristal. A metanfetamina é como a cocaína, um potente estimulante. Pode ser fumada, cheirada, injetada, engolida, e sua aparência varia dependendo de como é usada. Normalmente ela é de coloração esbranquiçada, sem cheiro, que se dissolve facilmente na água. Outra forma comum da droga, é o formato "cristal" ou "gelo", batizada assim por sua aparência.

O uso da anfetamina aumenta os batimentos cardíacos, pressão arterial, diminui o apetite, aumenta o ritmo respiratório, dificuldade para dormir, suores, boca seca, tremores, convulsões, febre, dores torácicas, batimentos cardíacos irregulares, sendo esses apenas os efeitos provocados no corpo quando em doses baixas.

Na mente provoca diminuição da fadiga, aumento da confiança, aumento do estado de alerta, inquietude, fala excessiva, aumento da irritabilidade, medo e apreensão, desconfiança, comportamento estereotipado, alucinações e psicose. Quando em altas doses, provoca morte decorrente a superdosagem (FIGLIE, BORDIN e LARANJEIRA, 2015, pág. 103).

Os estudiosos ainda não chegaram a um consenso sobre os efeitos provocados pela abstinência, porém sabe-se que as anfetaminas induzem a tolerância.

> Não há evidências de que o uso repetido de altas doses produza um consistente grupo de sintomas: o humor e a energia caem dramaticamente e o usuário pode dormir por 24 h ou mais. Ao acordar, estará em um humor deprimido que poderá durar dias; durante esse tempo, a pessoa se sentirá impotente e desprezível. Esse estado pode ser muito grave e vir acompanhado de pensamentos e tentativas de suicídio.

Sintomas mais pronunciados de abstinência foram observados em fumantes de metanfetaminas (ice e cristal), tais como dores abdominais, gastrenterites, letargia, dispneia, aumento do apetite, depressão profunda e, ocasionalmente, suicídio (FIGLIE, BORDIN e LARANJEIRA, 2015, pág. 104).

Crack

O crack tem sido a droga que vem fazendo um enorme estrago nas vidas de muitas crianças e jovens atualmente. Segundo o encarte da revista Época nº 658, o crack é um derivado da cocaína, porém "com uma ação muito mais rápida e intensa" (pág. 14). "É uma droga viciante que altera quimicamente uma área do cérebro chamada de sistema de recompensa" (pág. 16).

> O crack é uma droga relativamente recente. Surgiu nos Estados Unidos, nos anos 80, e chegou ao Brasil somente no início da década seguinte. Seu primeiro grande foco no país foi a região conhecida como Cracolândia, no centro de São Paulo. A droga é normalmente feita da pasta base da cocaína ou da cocaína com baixo grau de pureza misturada a amônia ou ao bicarbonato de sódio. A mistura é fervida, depois resfriada e colocada para secar. O resultado são pequenas pedras, que são queimadas e sua fumaça inalada. O nome de batismo deriva do verbo em inglês to crack, que significa quebrar, referência aos estalidos gerados pelas pedras ao serem queimadas em cachimbos improvisados (idem, pág. 16)

Ao contrário da maioria das drogas, o crack não tem sua origem ligada a fins medicinais, pois foi criada como uma droga para alterar o estado mental do usuário "que detona a capacidade de reação de quem quer se livrar dele". Sua principal forma de consumo, é a inalação da fumaça produzida pela queima da pedra que leva 12 segundos para atingir "o sistema nervoso, desencadeando uma série de reações".

Segundo ainda esse mesmo encarte, a ação do crack é intensa e prazerosa, leva o dependente a querer fumar cada vez mais e tem a duração de 5 a 15 minutos, após passado o momento de euforia, "ele mergulha na depressão e, para se livrar do mal-estar, precisa consumir novamente a substância. Daí entra num círculo vicioso difícil de ser rompido".

> O poder de destruição da substância também é avassalador. A droga eleva a temperatura do corpo e pode causar acidente vascular cerebral (AVC). Provoca a destruição de neurônios e causa a degeneração dos músculos, levando à aparência esquelética característica dos dependentes.
> Os pulmões é um dos órgãos mais atingidos, conforme explica a neuropsicofarmacologista gaúcha Helena Barros, da Universidade Federal de Ciências da Saúde de Porto Alegre. "Os problemas pulmonares são causados pela inalação da fumaça da queima da pedra, que pode ter solvente e outros contaminantes. O próprio calor da fumaça também prejudica o sistema vascular dos pulmões" (pág. 16).

É informado ainda que o uso prolongado do crack, danifica a área frontal do cérebro, que é responsável pelo planejamento, pensamento e controle dos impulsos. Leva ainda o usuário a ter tendências agressivas, ser desorganizado e quando em estágio avançado, o usuário se descuida da aparência e higiene, além de perder "o julgamento para as questões do dia a dia que envolvem família, trabalho e convivência social adequada".

> Os viciados no crack procuram locais baldios ou terrenos desocupados, de preferência onde passam poucas pessoas, para que possam ficar à vontade, e ali formam grandes aglomerações, que se identificam com os mesmos propósitos de envenenamento da droga, utilizam inclusive as linhas de trem ou do metrô, correndo grande risco de morte, com a passagem de dez em dez minutos dos carros da linha férrea (SANTOS, 2015, pág. 41).

Figlie, Bordin e Laranjeira, pág. 67 apontam alguns efeitos do uso agudo do crack, informando ainda que "muitas das complicações apresentadas pelo consumo de crack são semelhantes às vistas no consumo de cocaína":

> Sensação de euforia, aumento da libido e do prazer sexual, sensação de aumento de energia do estado de alerta e da capacidade cognitiva, bem como da autoconfiança. Redução do apetite, do sono, surgimento de sintomas ansiosos e alteração de senso-percepção com persecutoriedade. Devido à estimulação do sistema simpático, vários sintomas físicos podem ser percebidos durante a intoxicação: aumento da frequência, sudoreses (...) aumento da frequência respiratória, tremores, espasmos musculares, dilatação das pupilas, dores de cabeça, tremores leves de extremidades, tiques, hiperatividade motora.

Quando os membros da família identifica que alguém está usando esta substância, normalmente é após um grande período de uso e eles acabam sofrendo por falta de informação sobre como proceder nesses momentos e também sofrem por causa de mensagens sensacionalistas que muitas vezes não condiz com a realidade. O mais importante é não excluir o usuário. Repreender é útil, no entanto, devemos usar palavras corretas, incentivar a recuperação e orar, pedindo a Deus que nos ajude neste momento.

Entretanto, devemos evitar ser ou mesmo parecer espirituais quando o tempo é de tomar decisões ao invés de ficar apenas orando. Algumas pessoas dizem que oração é o mesmo que orar e ação. Nessa linha de pensamento, não devemos e nem precisamos orar pelas coisas óbvias. Isto porque para as coisas óbvias, Deus nos deu inteligência e entendimento para sabermos que algumas pessoas, especialmente alguns lugares e mesmo algumas atitudes devem ser evitadas.

Não temos que ser fortes sempre e muito menos fingir que nada de ruim está acontecendo em nossa família, ou querer parecer espiritual quando estamos na igreja. Podemos viver uma vida onde lutas diárias fazem parte de nosso cotidiano, onde encontramos forças e consolo em Deus para seguir adiante, confiante em sua palavra sem ficar angustiado ou mesmo desesperado diante da situação enfrentada. Concordo com o senador Magno Malta (PR-ES) que sabiamente disse em determinada ocasião: "Remédio para o crack é Deus de manhã, Jesus ao meio-dia e Espírito Santo à noite".

Experiência desnecessária

Quando se fala em experimentar drogas lícitas, infelizmente algumas pessoas veem como um processo de crescimento e independência, no entanto, sabemos que é exatamente o contrário, a pessoa não cresce como ser humano e muito menos se torna independente, pois passa a ser escrava desse vício. Ao se falar em experimentar drogas ilícitas, normalmente cria-se um conflito entre pais e filhos, entre professores e alunos, em outras palavras, entre o experimentador e seus responsáveis. O experimentador busca novidade e prazer, os responsáveis sofrem por causa dos riscos.

Isto porque habitualmente os responsáveis querem evitar uma experiência desnecessária, que não traz benefício algum ao experimentador ou mesmo porque temem as consequências causadas pelos efeitos químicos no organismo, onde a própria saúde física, psicológica e social estão em risco. Além desses, há outros motivos, tais como caminhar um caminho sem volta, onde ele pode nunca mais voltar a ser o mesmo e quem sabe, podendo encontrar ou até mesmo provocar a sua própria morte. Enveredar para a marginalidade é outra opção, estar exposto ou submisso aos traficantes, que nada tem a perder, pois eles não se importam com sua vida ou sua história.

A verdade é que não se tem qualquer benefício, quando o assunto é utilização de drogas, principalmente quando o experimentador ou o usuário nega e procura minimizar tudo o que possa lhe acontecer, chegando ao ponto de considerar uma aventura ou simplesmente uma busca imediata de prazer. Às vezes, dizem que será apenas uma vez para saber como é ou mesmo que vale a pena viver o presente e se preocupar com o futuro é coisa de velho.

A negação normalmente é um tipo de cegueira da qual a pessoa utiliza para acobertar seus erros ou fraqueza. Dizemos um tipo de cegueira, pois a pessoa está tão envolvida no processo que não admite até o óbvio, porque segundo ela, a coisa não é tão feia assim. É importante reconhecer os erros, as fraquezas e limitações, mas é ainda mais importante olhar para frente e procurar ver um futuro mais promissor. Esta é uma situação séria, porque neste ponto é muito difícil ser honesto consigo mesmo e a pessoa encontra meios de enganar seu coração, sua mente e até mesmo a Deus (se fosse possível).

A Palavra de Deus através do profeta Jeremias diz que *"enganoso é o coração, mais do que todas as coisas, e desesperadamente corruptos; quem o conhecerá?"* (Jr 17.9). É imperativo que a pessoa olhe adiante das circunstâncias e saiba que algumas vezes, o caminho de volta é bem estreito. No entanto, é bom salientar que mesmo na dor e no caminho tortuoso, Deus tem um propósito, pois pode ser parte da correção divina para te colocar em um patamar maior para voce obter sucesso futuro, mas não devemos contar com isso, pois não sabemos se essa é a vontade de Deus para conosco.

É certo que Deus pode moldar nossas fraquezas e transformá-las em virtudes e faz uso de situações onde existe apenas o mal e Ele o transforma em bem, mas também é um erro do ser humano desenvolver uma autoconfiança excessiva ou um positivismo exagerado. Como citado anteriormente, se for do propósito de Deus, assim o será, como aconteceu com José descrito no livro de Gênesis.

A autoconfiança excessiva e o positivismo exagerado acaba sendo uma negação da perspectiva de Deus; pode levar a pessoa sofrer mais do que deveria, causando diversos problemas pessoais e fazendo que ela cometa diversos erros nessa caminhada. Entretanto, quando essa autoconfiança e positivismo exagerado é depositado à firme fé em Deus, tem o seu lado positivo que nos dará força para vencer diversos obstáculos que possam surgir. Neste caso, é bom lembrar que Deus pode não nos livrar dos problemas da vida, mas no problema, todavia, para isso isto acontecer, precisamos da sabedoria de Deus para fazer o que é correto.

Apesar da experimentação de qualquer tipo de droga trazer ao corpo uma repentina sensação de prazer, deve-se também estar consciente que a sensação também pode ser dolorosa e muitas vezes danosa. Qualquer sensação intensa que o ser humano experimenta, seja ela prazerosa ou dolorosa fica registrada em nossa mente como um tipo de memória corporal que quando acionada, pode funcionar como puro instinto. Qualquer atitude ou hábito seja ele bom ou não, quando registrado fortemente ou mesmo enraizado em nossas atitudes, é muito difícil de ser abandonado e para isso acontecer, requer tempo e aceitação de se retratar.

O prazer da droga, longe de ser natural, é um prazer antinatural, químico, artificial ou mesmo superficial e por este motivo, é um prazer estranho a um corpo saudável que fará com que o corpo que a experimentou, lembrar-se daquela sensação, fazendo que o mesmo desenvolva a vontade de usar a droga.

A droga lenta e progressivamente vai modificando o estado de consciência e realidade, levando o usuário a pensar em usar novamente a droga, mesmo que para isso, ele venha a mentir ou furtar para conseguir o seu intento. Isto acontece porque o vício transforma a pessoa, mesmo que muitas pessoas procurem negar esta realidade.

Sabemos que muitos de nossos jovens, experimentam as drogas por curiosidade, ou mesmo, são desafiados a provar e acabam experimentando para não serem gozados ou isolados da turma. No entanto, alguns deles encontram na droga um consolo para seus problemas e acabam se viciando, tornando um usuário compulsivo.

A orientação que temos é que se a pessoa tem problemas, o melhor caminho é tentar resolver, procurar alguém para conversar que possa orientá-lo, buscar ajuda profissional, clamar a Deus por uma resposta, enfrentar a situação de frente, ao invés de se esconder atrás das drogas. Buscar as drogas é o mesmo que prorrogar e agravar o problema ainda mais. Não somos contra os usuários, somos contrários à decisão de se fazer uso de drogas, pois acreditamos simplesmente que eles não deveriam usar e esse não é o melhor caminho.

Não devemos ceder à pressão de uns poucos que desejam nos ver trilhando o caminho que eles trilham ou mesmo sustentando traficantes. Não precisamos nos aventurar desnecessariamente. Todos temos o direito de ter opinião própria e principalmente viver a nossa própria vida sem lançar mão de subterfúgios escusos ou ilícitos.

Pais e filhos

A adolescência segundo algumas pessoas dizem, é um outro parto, porém é um parto às avessas, porque quando o adolescente atinge determinada idade, tem a tendência de expulsar seus pais de muitas áreas de sua vida. Isto porque o adolescente quer sua independência, procura se relacionar com jovens da mesma faixa etária e acaba dando mais importância aos seus amigos do que a própria família. No entanto, é bom saber que nem sempre isto constitui uma regra.

Quando a adolescência chega, o corpo dos jovens se enchem de hormônios, começam a tomar forma, ganham novos contornos, experimentam novos pensamentos além do círculo familiar e adquirem novos comportamentos. O adolescente ávido por novas experiências, se lança com tudo o que estiver ao seu poder e alcance, principalmente quando essas coisas vem fora de casa. Isto é um indicativo de que ele está "se abrindo" para o mundo e por este motivo, é que o período de adolescência representa um amplo mercado, que os comerciantes de moda, música, fast-food e traficantes de drogas investem pesado nessa área.

Os pais normalmente convivem com seus filhos, conhecem bem seus filhos e por isso, percebem qualquer alteração de comportamento deles, mas por inexperiência ou mesmo por não quererem acreditar, acabam não enxergando o perigo quando são manifestados os primeiros sinais. Creio que qualquer pessoa com o mínimo de inteligência, tem consciência de quando erra ou mesmo quando pratica algum ato errado, pode não ter maldade da situação, mas quando o usuário de drogas torna-se um pouco arredio, evita olhar nos olhos dos pais ou compartilhar com eles o seu dia-a-dia, temendo ser descoberto, os pais devem ficar alertas.

O que podemos dizer é que nas primeiras experimentações da droga, o adolescente tem a tendência de começar a mentir, outras vezes omitir e esconder comportamentos, apresentando ainda apenas meias verdades (se é que existe), fazendo isso para se preservarem. Um fato que não podemos descartar é que eles lançam a mão de inverdades porque pensam que uma pequena mentira, justifique a intenção de proteger a si próprio ou algo que é importante para eles, tentando assim, evitar ou até mesmo tentar se esquivar do problema, mesmo que seja por um curto período de tempo. Uma coisa deve ser colocado às claras e deve-se ter isso sempre em mente, mesmo uma pequena mentira traz consequências a longo prazo.

Esse problema é tão sério que normalmente uma mentira mesmo "inocente" como muitos dizem, leva a outra mentira e quanto mais eles convivem com o seu erro, menos errado este erro começa a lhe parece. Em outras palavras, é que aos poucos, ele começa não ver o perigo à sua frente e pode chegar ao ponto de achar "normal" usar drogas. Neste momento, eles já não se preocupam tanto em esconder o fato dos pais, chegando até mesmo a enfrentá-los.

Alguns podem até admitir "eu experimentei apenas uma vez", mas lembre-se que eles sempre tentarão minimizar o problema e em alguns casos, a experimentação ou mesmo o uso ostensivo de drogas, pode representar uma agressão à família. Quando o adolescente experimenta as drogas, ele está se expondo a um perigo desnecessário e sua autopreservação, já não é mais tão importante.

Ele só irá repetir a dose, caso obtenha com isso algum lucro, prazer físico, status com amigos, aumentar a autoestima ou mesmo saciar sua curiosidade, anestesiar sofrimentos físicos ou psicológicos, enfrentar desafios, etc. No começo, logo após a experimentação, ele pode até se sentir confortado, mas depois quando a dependência se instala, vem a necessidade da droga. Se em algum momento principalmente na ociosidade, ele sentiu prazer usando a droga, quer dizer que ele deu mais uma opção ao seu corpo em busca de sensações que até o momento lhe era desconhecido. Creio que seja por isso que as pessoas sempre dizem "mente vazia, oficina do diabo".

O erro ao contrário do que muitos afirmam, não pode ser atribuído exclusivamente ao jovem que experimenta droga e torna-se dependente, ou como outros afirmam que a culpa é exclusivamente dos pais que não conseguiram colocar limites. Até certo ponto, podemos até concordar, mas a culpa maior é da própria pessoa que decide fazer uso. Podemos culpar aqueles pais que são coniventes e favorecem a utilização ou mesmo, fazem vista grossa a seus filhos e os deixam permanecer na utilização da droga.

O limite entre o jovem controlar a droga que utiliza e ser por ela dominado, é uma linha muito tênue. Assim, ele pode passar de um lado para o outro sem perceber. A tendência de muitos dependentes é acreditar que ele é mais forte do que a droga utilizada ou que tem força de vontade e diz: "uso a droga quando quero e paro quando quiser". Na realidade, as pessoas que tem este tipo de pensamento, já se encontram psicologicamente alterados, acham normal, acreditam que não precisam prestar contas com ninguém e fazem o que bem entender. Eles acham que a família não tem o direito de se intrometer em sua vida pessoal.

Se voces como pais desconfiarem que seu filho está usando algum tipo de substância, antes de abordá-lo, é importante procurar se informar sobre ela. Nunca deve chegar recriminando severamente, tudo deve ser feito com jeito e amor, mas só jeito e amor não basta, é preciso ter informações, deixar de lado os preconceitos, pois os jovens de hoje, são preconceituosamente contra quem tem preconceitos ou ignorância sobre o assunto.

A maioria das vezes, o que vemos é que quando os pais percebem, seu filho já estão usando drogas há algum tempo, sendo pegos de surpresa e cada um à sua maneira, tentam tirar os filhos das drogas naquele exato momento. Normalmente e não raramente, eles acabam "enfiando os pés pelas mãos", porque tentam cortar de uma só vez, um comportamento instalado há um bom tempo, com sucessivos e muitas vezes abusivos usos, com doses cada vez mais fortes e as vezes, experimentação de novas drogas mais potentes.

É comum, nesses momentos, o pai se tornar violento e agressivo, a mãe entrar em depressão com fortes sentimento de culpa. O que tentamos dizer é que nesse estado emocional, é muito comum os pais descarregarem seus próprios sentimentos sobre o filho, ao invés de agirem ponderadamente para oferecer a ajuda necessária.

Também é importante os pais admitirem não saber o que fazer e neste caso, aconselhamos pedir ajuda a uma pessoa mais experiente ou um profissional formado nesta área. O importante é que a resposta tem de ser clara, firme, assim o filho também pode aprender a buscar respostas em outras pessoas que estiveram nesse penoso caminho e buscar meios para sua própria recuperação.

A recuperação é um processo de cura que pode ser imediata, a maioria das vezes de pequena, média ou longa duração. No entanto, o importante é estarmos abertos para Deus e deixar que Ele reconstrua nossa vida. Essa reconstrução, dependerá muito de reconhecermos nossa impotência, nos colocarmos à obedecer suas divinas leis e submetermos a sua soberana vontade. A recuperação e a reconstrução de nossas vidas, dificilmente acontecerá se queremos fazer tudo sozinho ou por nossa própria força, por este motivo, é muito bom saber que Deus tem prazer em restaurar pessoas que verdadeiramente o procuram.

Às vezes voce pode achar que falar é fácil e que papel aceita tudo, mas como cristãos, reconhecemos a soberania e vontade permissiva de Deus. Sabemos que Ele nunca deixará a mercê quando clamamos por sua divina ajuda. Foi assim com muitos personagens bíblicos e assim também será assim conosco em nome de Jesus.

Após o dilúvio universal descrito nas Sagradas Escrituras, Deus incumbiu a família de Noé de uma tarefa monumental que era de repovoar o planeta. Certamente essas oito pessoas devem ter achado que era uma gigantesca responsabilidade, no entanto, eles sabiam que Deus não lhes incumbiu de repovoar o planeta e saiu de cena. Lemos que Deus promete não destruir o planeta com um novo dilúvio e para selar este compromisso, Deus sinalizou com um arco-íris. A aplicação que podemos fazer, é que muitos de nós estamos em trabalho de reconstrução de nossas vidas, muitas vezes pensamos que é uma enorme tarefa e podemos chegar ao ponto de desanimar ou simplesmente estagnar.

No entanto, quanto depositamos nossa fé verdadeiramente em Deus, sabemos que Ele nos sustentará em nossa reconstrução ou recuperação com a sua divina presença. É imperativo e necessário que voltemos nossos olhos para o selo que Deus deixou marcado no céu, olhe para o arco-íris e não para a tarefa a ser feita ao longo do caminho. Saiba que Deus quando não deixa um sinal para nos lembrar de sua presença e cuidado, Ele envia pessoas que possam nos inspirar e auxiliar.

Nós nunca conseguiremos superar e mesmo vencer os problemas, se negarmos a existência dos mesmos, por este motivo, se desejamos realmente sermos livres ou ficarmos livres da escravidão, seja de drogas ou qualquer outro tipo de problema, o primeiro passo que devemos dar, é reconhecer a escravidão da qual nos encontramos.

Esse reconhecimento é um passo adiante que damos em direção à libertação, pois quando negamos o problema ou escondemos nossos erros; eles de alguma forma encontram uma maneira de voltar a nos assombrar. Por este motivo, é melhor enfrentarmos de peito aberto, porque procedendo desta forma, poderemos vencê-los de uma vez por todas.

Não precisamos ser perfeitos para dar esse passo para ser usado por Deus; pois Ele nunca requereu isto de nós. Todos nós somos falhos em alguma área de nossas vidas, mas o importante é que sejamos humildes para aceitar a correção divina e saber que estamos em processo de sermos perfeitos em Cristo Jesus.

O que leva alguém a ser um usuário de drogas?

Apesar do grande volume de informações que se pode encontrar a respeito das drogas e também dos gastos governamentais destinados ao combate do narcotráfico, as drogas a cada dia, deixa o seu rastro em todas as classes sociais, independente da faixa etária, nível econômico e grau de instrução. Dizem que ela vem sendo tratada como o maior problema de saúde, no entanto, vemos que por mais que esse combate é realizado, mais e mais meios são encontrados para sua utilização, principalmente nas favelas, onde nem sempre a polícia encontra entrada fácil, por isso, ela está presente em quase todos os lugares.

Entretanto, não devemos achar que tudo está perdido e muito menos nutrir pensamentos ou sentimento de que a situação futura é menos promissora. Sabemos que são muitas as causas que levam alguém a consumir drogas, não existe regras ou causas predeterminadas, pode-se apontar diversos motivos como citados anteriormente. Estamos acostumados a assistir violência em diversos programas de televisão, inclusive nos informativos, em jogos (games) e muitas vezes, presenciamos até nas ruas. Tudo isso pode ter um efeito não desejado, pois pode causar a anestesia de nosso consciente, achando que a situação faz parte do cotidiano e acabamos não dando tanta importância ao caso.

Em outras pessoas o efeito pode ser ainda pior, pode ser interpretado como um meio de sobrevivência, pois não conseguiu pelos meios legais um emprego para se manter, ou mesmo, porque acredita que a criminalidade é o meio mais rápido de atender suas necessidades, não importando o que as outras pessoas pensem a respeito. Neste caso, a informação excessiva de violência, contribui para libertação do chamado lado animal que todos temos, que comumente é chamado de instinto ou reflexo.

A realidade é que a vida nos apresenta diversas opções, dependendo de nossa escolha, pode ser boa ou ruim, certo ou errado. A informação quando mau canalizada pode ser também uma arma poderosa para ajudar o ser humano cair cada vez mais. No entanto, devemos nos lembrar que mesmo que as coisas pareçam ruins, Deus está conosco, nos protegendo de forma que nós mesmos não sabemos.

Outro fato que já apontamos como consequência de levar alguém a ser um potencial usuário de drogas, está ligado à novas amizades, e muitas vezes as más companhias. Estamos falando especificamente sobre as más influências dos ditos "amigos", que as vezes pode ser de um(a) namorado(a), conhecido, colega de escola, vizinhos e até mesmo de alguns de nossos familiares. Mesmo que muitos não aceitem essa verdade, o fato é que nossas vidas podem ser influenciadas pelo comportamento de pessoas que se encontram próximas de nós.

Infelizmente esta é a pura realidade, mas, nossos filhos são na maioria das vezes o reflexo de nossos atos e de ações vistas, daqueles que se encontram à sua volta. O aprendizado começa pelo exemplo. Pode também estar ligado a dificuldade em se relacionar, outras vezes é mais comum a fuga de problemas não enfrentados ou mesmo tentativa de se fugir da realidade, não sentir-se amado ou rejeitado, também ajudam as pessoas encontrar uma "nova família" fora de casa.

Parece estranho, mas a maioria opta pelo lado mais doloroso (refiro-me ao futuro), pois é mais fácil fugir das responsabilidades ou mesma ignora-las, ao invés de enfrentar o problema e as consequências de frente, ou mesmo, procurar ajuda em Deus com aqueles que nos amam e estão prontos a nos ajudar. Não quero desmerecer aquele que fez a escolha errada, salientando o fato de quase sempre, eles tentaram de todas as formas e maneiras, utilizando suas próprias forças.

Tudo isto, pode ser um reflexo de uma desestrutura familiar, ou seja, falta de amor, união, compreensão, paciência e vida religiosa, independente de denominação e credo. Pode até mesmo ser tudo isso, somatizado ao nosso egocentrismo, que nos leva a não considerar e deixar um pouco de lado aqueles ao nosso redor.

A falta de espiritualidade, descrença em algo superior, é o maior fator apontado como facilitador para envolvimento com as drogas. Normalmente, algumas pessoas associam e depositam a culpa nos pais, enfatizando que os mesmos não cumpriram seu papel de protetores e orientadores. Não temos nada a dizer contra a proteção paternal e ou maternal, no entanto, como tudo em exagero leva ao desequilíbrio, somos contra a superproteção paternal ou maternal. Tudo deve ter uma dose de equilíbrio e a maioria das vezes, alguns pais cometem esse erro, com a desculpa de não querer deixar seus filhos amadurecerem prematuramente e assim, eles contribuem em não deixá-los pronto para o mundo.

Existe uma parcela de erro cometida pelos dois lados. O lado do usuário, certamente seja o mais grave, que errou feio, pois é ele quem dá o primeiro passo para as drogas, é ele quem deixa a droga entrar em sua vida e não soube dizer "não" àquela situação. Vivemos atualmente em um mundo onde quase não se acredita em valores, isto comparando-se com o meu tempo de criança e adolescência. Vejo hoje a falta de valorização pelos objetivos alcançados, a desvalorização do próprio corpo e das coisas espirituais. Isto porém, são consequências das atribulações de nossa época.

É importante voce saber que apesar de tudo e de todos, voce e somente voce, pode fazer a diferença. Os verdadeiros amigos que o amam e admiram como pessoa íntegra sempre estarão ao seu lado, a menos que voce as afaste de seu convívio. É bom ter em mente seus objetivos finais, não importando se são simples ou complexos. Mantenha a conduta e postura de uma pessoa de bem, saiba dizer não a tudo aquilo que pode te desviar desse caminho, diga "não" ao supérfluo (drogas), deixando-as longe de sua mente e coração.

Deve-se saber que há muitas desculpas para se usar drogas, não existe regras ou causas predeterminadas, o motivo pode ser variado como: pertencer a turma, expandir a mente, emagrecer, ficar mais criativo, fugir da realidade, ganhar experiência, fugir dos problemas, procurar novas sensações, etc. Analise estas e outras desculpas e voce perceberá algo inusitado: todas as desculpas, envolvem sempre uma tentativa de mudar de algum modo o que voce é na realidade.

Neste sentido, o maior desafio, consiste em ser voce mesmo e encarar a vida como ela é, sem fantasias. Valorize e pregue sempre a virtude, cavando masmorras e até mesmo sepultando os vícios.

Para manter seu filho longe do mundo das drogas

Voce pode estar se perguntando, como posso manter meu filho longe das drogas ou como posso me manter fora do alcance desse mal. Saiba que não existe uma fórmula mágica para isso, no entanto, ao longo desta obra, vem sendo apontado algumas orientações. Podemos apontar princípios básicos mais diretamente, trazendo as seguintes orientações:

- Deve-se manter um diálogo amigo e franco com seu filho para desenvolver um relacionamento sadio entre voces; assim ele terá confiança em voce e quando se encontrar em dificuldades, ele não terá receio de se abrir e procurar ajuda.

- Ensine-lhe a ter responsabilidade com suas coisas, mas saiba que é muito importante voce dar o exemplo. Se voce deseja ver mudança, mude voce em primeiro lugar antes de cobrar uma mudança nos outros.

- Quando houver algum problema com seu filho, avalie bem a situação, antes de apontar o dedo para ele e auxilie no que for preciso para corrigir seus erros juntamente com ele. Isto quer dizer que quando ele se envolver em alguma dificuldade, ajude-o na medida do possível, mas nunca tente resolver o problema por ele, a menos que a situação seja gravíssima e coloque vidas em risco.

- As pessoas não precisam ter tudo o que quer. Ele não pode fazer tudo e que quer, é preciso ter limites, especialmente os usuários, o que ele precisam, é aprender a lidar com a frustração para criar maturidade e aprender a valorizar seus ganhos.

- É importante valorizar a orientação espiritual, através de uma religião.

- Ele precisa ser advertido quanto a seus erros e irresponsabilidade.

- Procure o máximo possível, não deixar sua família se tornar um "grupo de estranhos" para ele. A família nunca deve ser vista como pessoas que se estão próximos dele fisicamente.

- Neste sentido, é importante produzir um convívio de segurança e amor aos filhos, deixe-o expressar primeiramente seu modo de pensar com total liberdade, suas ações com realismo. Provavelmente suas decisões poderã ser mais sadias e ele não buscará as drogas.

Estas são algumas colocações, porém, aliados a esses conselhos, acreditamos que a primeira maneira de manter seu filho longe do mundo das drogas, em primeiro é incutir em sua mente desde cedo, para eles não se envolverem com elas. Deve-se ainda, tentar ao máximo evitar o convívio com pessoas desconhecidas, pois ultimamente a realidade de nosso planeta, nos leva a desconfiar sempre, devido ao nível da alta criminalidade.

Devemos também adotar uma postura digna e ter personalidade. Saber dizer "Não" é muito importante, não se deixando cair na armadilha da manipulação da qual eles sempre lançam mão. Se você deseja saber mais sobre "drogas" ou "tóxicos", procure pessoas de absoluta confiabilidade. Essa pequena advertência é de suma importância, pois nos dias de hoje com a globalização da informação e o fácil acesso à internet, procure sítios (sites) oficiais e governamentais, pois existe muitas informações nos sítios que podem causar efeitos indesejados.

Lembrando que as pessoas que mais gostam e preservam a gente, são os nossos familiares e não os ditos "amigos" que trazemos para nosso círculo de amizade. Se você não confia nos integrantes de sua família, principalmente em seus pais ou responsáveis, lembre-se das escola, em especial o seu professor, orientador, supervisor ou diretor. Entretanto, aconselhamos antes mesmo de voce procurar uma escola ou seus representantes, procure a polícia militar, pois eles tem unidades de combate e orientação as drogas. Tenho a convicção de que na polícia, voce encontrará a guarida buscada, sem correr riscos de sair enganado e ou iludido com a verdade.

Quebre paradigmas, deixe as amizades não confiáveis e de costumes reprováveis, voce pode ter suas amizades, mas seleciona-las o ajudará bastante a não se envolver com as drogas. Busque qualidade nas amizades ao invés de quantidade. Inicie a abstinência hoje. Isto significa parar com o uso de qualquer tipo de substância, seja álcool, maconha, cocaína, xarope, comprimido para emagrecer ou qualquer outra, lembrando que se houver síndromes de abstinência, estas devem ser acompanhadas por médicos de sua confiança.

Saiba que os sintomas podem variar de uma simples dor de cabeça ou tontura, até crises mais graves, como convulsões e alucinações, onde corre-se até risco de vida. Portanto, se o uso é prolongado ou se já teve alguns sintomas mais graves, procure ajuda médica para esses primeiros dias sem droga, não importa se for em um hospital ou clínica de recuperação. Não sofra sozinho, não tenha vergonha, voce não é o primeiro e certamente não será o último a procurar recursos médicos. Vergonha é amanhecer bêbado na rua sem saber o que aconteceu na noite anterior, ou continuar usando drogas. **Sem abstinência é impossível pensar em recuperação**.

Esqueça aquela conversa de "diminuir aos poucos", isso só serve para aumentar e mesmo postergar o problema. Se for para encarar essa, faça hoje, não deixe para amanhã, porque a cada dia, mais difícil vai ficando. Procure se possível um grupo de Alcoólatras Anônimos ou Narcóticos Anônimos, eles conhecem os "macetes" para parar e você não vai se sentir sozinho. Assista as reuniões, não importa se você não consegue entender o que eles estão falando, o importante é mudar hábitos anteriores.

Não se isole, evite ficar sozinho. Um dependente químico sozinho já está mal acompanhado, prefira a companhia de pessoas que não usam drogas e possam te auxiliar no processo de recuperação. Se voce não tiver sabedoria na escolha de seus relacionamentos, correrá o risco de recair nos velhos hábitos. No entanto, tenha cuidado com a "fissura mascarada", que é aquela vontade de usar e achar que está no controle. Não se preocupe com sonhos onde voce aparece usando substâncias. Compartilhe com alguém seus sonhos, medos, anseios e confie acima de tudo em Deus, pois afligir-se ou preocupar-se demasiadamente indica falta de confiança na sabedoria, na soberania e no poder de Deus.

Mude seus hábitos, porque sem mudanças não há recuperação. Comece agora a mudar seus antigos hábitos. Uma das características da dependência química é a estagnação, evite aquela velha maneira de pensar e agir. Comece a ter uma atitude mais saudável com voce e com os outros, passe a ter horário para comer e dormir, pois isto será um bom hábito a ser implantado na sua vida. Na recuperação é preciso desviar os olhos dos obstáculos, focalizar em Deus e no processo de recuperação. Um passo importante a ser dado neste sentido é aprender a construir e manter bons relacionamentos com as pessoas.

Os lugares que normalmente voce frequenta quando está em apuros, diz muito sobre o tipo de pessoa que somos e até onde queremos chegar, por este motivo, evite a todo custo aqueles lugares que faziam parte de sua rotina quando usuário. Encare a vida como se não houvesse amanhã, lide com os problemas e situações conforme forem acontecendo, não sofra por antecipação. A Palavra de Deus nos orienta a lançar sobre Ele toda a nossa ansiedade, porque Deus tem cuidado de nós, conforme está escrito em 1 Pe 5.7. Lembre-se que será mais difícil enfrentar pela primeira vez qualquer situação sem estar sob o efeito de drogas, mas na segunda vez, será mais fácil, pois você já terá adquirido experiência.

Pode-se dizer que existe o "luto pela morte das drogas", pois como as drogas fizeram parte da vida de um dependente químico e este ocupou o lugar como se fosse de um grande amigo, que estava presente em todos os momentos. Deixar as drogas de uma hora para outra, funciona exatamente como a "morte" de um parente próximo, causa depressão, tristeza, raiva, vontade de tudo ser como antes. A perseverança e não o tempo é o melhor remédio nessas horas, aliadas as palavras de conforto que podemos encontrar em Deus.

"Não estejais inquietos por coisa alguma; antes as vossas petições sejam em tudo conhecidas diante de Deus pela oração e súplica com ação de graças. É a paz de Deus, que excede todo o entendimento, guardará os vossos corações e os vossos sentimentos em Cristo Jesus. Quando ao mais, irmãos, tudo o que é verdadeiro, tudo o que é honesto, tudo o que é justo, tudo o que é puro, tudo o que é amável, tudo o que é de boa fama, se há alguma virtude, e se há algum louvor, nisso pensai" (ARC, Fp 4.6-8).

O que fazer se você descobrir que seu filho está usando drogas

É dever dos pais preparar o filho ou a filha para a vida em sociedade e as escolas desses adolescentes, tem o dever de prepará-los para o futuro, mas será que eles refletem a educação recebida tanto pelos pais como pelas escolas? Não devemos nos iludir, pois sabemos que a família exerce influência sobre os filhos, mas isso acontece até certo ponto e vários fatores levam uma pessoa ao vício como temos enfatizado.

Para aqueles pais desejosos em buscar e participar do processo de cura e recuperação de seus filhos, temos como primeiro passo, admitir que seu filho está usando drogas, é impotente perante elas, concordar em ajudar, sem esperar resultados imediatos e nunca desistir desse processo, pois isso significa que voce está desistindo dele ou dela. É comum o usuário reconhecer sua dependência, mas a maioria das vezes, recusar o tratamento, pois acredita que pode se recuperar sozinho.

Após isto, deve-se observar cuidadosamente o comportamento do seu filho, procurando ver os sinais e sintomas principais, procurando paralelamente descobrir as razões e os motivos que o levaram a usar drogas, sem contudo, confrontá-lo diretamente sobre a situação. Muitas vezes, a raiz do uso de drogas repousa em problemas da própria família. É importante acima de tudo não dramatizar o fato, encare o acontecido com realismo e objetividade. Lamentações, recriminações, imputar culpa a outros e violência, não ajudará em nada, pelo contrário, poderá pior a situação ainda mais.

Não estigmatize ou crucifique seu filho, chamando-o por exemplo, de maconheiro, marginal, drogado ou noiado, nem faça ameaça de expulsá-lo de casa, de interná-lo em hospitais psiquiátricos ou de denunciar seus companheiros à polícia, pois isso poderá complicar ainda mais a situação e afastá-lo ainda mais de voce. Também, não adianta ficar expondo fotos, criar histórias de comportamento e atitudes destrutivas, isso de forma alguma é educativo e poderá reforçar tendência não saudáveis em seus filhos, pois no íntimo, acreditamos sermos melhores e que nada de tão grave possa nos acontecer.

Evite ficar se recriminando ou procurando culpados pelo fato, somos seres únicos, cada qual com suas qualidades e defeitos, ficar se perguntando: "Onde é que errei?", "por que isso está acontecendo comigo?", também não irá ajudar. Ao invés disso, deve-se procurar dar aos nossos filhos todo o apoio necessário, no entanto, saiba que não basta fornecer-lhe apenas assistência de um psicólogo terapêutico, demonstre que os seus melhores amigos estão dentro de sua própria casa e lhe dê amor.

Converse com um profissional da saúde a respeito do assunto, peça-lhe orientação, principalmente sobre as clínicas e os serviços especializados, a fim de encaminhar o seu filho para tratamento e a recuperação adequada. A opção para quem não consegue arcar com essa despesa extra, é procurar as faculdades de psicologia, igrejas e entidades como Narcóticos Anônimos, que tem por objetivo ajudar pessoas nessas situações que podem mostrar a eles, os problemas que essa droga pode causar, de forma mais imparcial e menos alarmista possível. Nesse meio tempo, procure entidades como Al Amon que é uma irmandade cujo objetivo é ajudar aos familiares de dependentes químicos, a conviverem com a doença e o doente.

Lembre-se, as melhores armas para combater o abuso de drogas, não estão presentes como afirmam os comerciais, como por exemplo o kit Absten da Natufibras ou mesmo o kit antifumo da Antídotus ou Niquitim pastilhas, que vem sendo veiculados recentemente na televisão e mesmo diversos outros produtos, como aquela injeção quase milagrosa que se aplica no estado de São Paulo, onde a pessoa pode tomar dose única ou ficar cinco dias para o tratamento. No entanto, voce pode encontrar os melhores remédios que são mais eficazes que esses, como por exemplo: Deus, dando amor, carinho, compreensão a seu filho, dialogando com ele, orando e intercedendo por ele constante, não dispensando aqui, de uma ajuda em clínica de recuperação para casos mais graves.

Finalizando, gostaríamos de lembrar que algumas drogas dão momentaneamente força física, outras alegram, desinibem ou fazem o usuário sentir-se como se estivesse em um paraíso e esses efeitos induzem as pessoas a usá-las, mas por outro lado, os efeitos colaterais podem ser graves. Diante disso, conseguimos entender o motivo que os pais têm por não desejarem que os filhos se relacionem com quem faz uso de drogas. Acreditamos que o bom senso, que as "más companhias" são a variável determinante das transgressões de nossos filhos.

Não se pode culpar apenas as más companhias, pois a pessoa é quem procura o seu grupo de referência, em busca de uma identidade e aceitação social. Toda motivação interna, ou seja, ninguém motiva ninguém a nada se o desejo não existir primeiramente dentro de voce, pode acontecer de pessoas se "deixarem levar", por algo que o atrai ou o deixe curioso. Em outras palavras, os estímulos são lançados e nós respondemos a eles.

Antes, deve-se questionar internamente e ser sincero consigo mesmo, tentar ver que voce ganha com o uso de drogas, ver também o que voce perde. Pesando os prós e os contras, analisando a escala de perdas e ganhos, voce chegará a conclusão se deve ou não usar ou enveredar por esse caminho. Se voce for cristão, reafirmamos que a Bíblia

Sagrada enaltece a pessoa que tem uma vida equilibrada e de modo algum orienta, induz ou celebra aquele que se envolve com a prática de vícios e drogas.

Processo de se evitar recaída à parte de Deus

Normalmente ao se falar sobre recaída, logo pensamos que se destina a pessoas que encontram-se em processo de recuperação do uso do álcool ou de qualquer outra droga; ou seja, quando se fala em recaída, pensamos que é destinado apenas a pessoas com problemas associados ao consumo destas substâncias. No entanto, a realidade pode não ser apenas isto, pois, se lembrarmos que existem outros vícios, teremos um universo maior, onde a palavra recaída pode ser aplicada. Prova disso, pode ser vista na própria definição da palavra recaída. Segundo o dicionário on line, recaída está definido como "ato ou efeito de recair". No aspecto medicinal quer dizer: "reaparecimento dos sintomas de uma doença". Já no sentido popular, recaída é o "ato de voltar a fazer o que já não se fazia mais, especialmente falando de vícios". No jurídico: "ação em que alguém, apesar de já ter cometido um crime, comete novamente outro de mesma espécie" é reincidência.

Entretanto, não sendo nossa intenção de expandir esse universo, reduziremos para a questão proposta deste livro, aplicando a recaída para as drogas lícitas e ilícitas. Nesta linha de pensamento, podemos dizer que o processo de se evitar uma recaída, pode ser considerado um programa de trabalho ou mesmo um conjunto de técnicas que é ensinado aos recuperandos, que visam a continuidade de fazer mudança de hábitos, admitindo sua fraqueza inicial perante as drogas. O recuperando necessita acima de tudo, investir em si próprio, assumir qualquer responsabilidade, sem culpar os outros, ao ambiente e por fim, ter a capacidade para resolver seus próprios problemas.

Contudo, é necessário antes que a pessoa faça uma análise nua e crua de si mesmo, ou seja, é necessário que a pessoa avalie seus pensamentos, crenças e atitudes, em vez de apenas descobrir ou simplesmente, tentar dominar seus instintos, suas fragilidades ou limitações, para depois envidar esforços em desenvolver estratégias para enfrentar as situações que poderiam leva-los a reutilizar as drogas de sua preferência.

Analisando friamente o que foi descrito, podemos dizer que o processo de se evitar uma recaída à parte de Deus, é uma alternativa viável aos dependentes ou ex-usuários, após alcançarem a abstinência e conseguir livrar-se da compulsão em fazer uso da droga. Para que esta alternativa viável apresente resultados positivos, inicialmente a pessoa deve jogar por terra toda sua arrogância, orgulho, autoconfiança, desconstruindo comportamentos inadequados adquiridos e crenças distorcidas. Em resumo, a pessoa deverá ter em mente que ela deve reaprender todos os conceitos possuídos, se autoconhecendo, para então assim, começar a ter práticas mais saudáveis. É como se uma pessoa, por exemplo, que possui hábitos alimentares péssimos e prejudiciais à sua saúde, aprendesse e praticasse o processo de uma reeducação alimentar.

Dito isto, podemos afirmar que o processo de se evitar a recaída, tem como objetivo levar o recuperando a se conscientizar das situações de risco e consequentemente para que o mesmo tenha a capacidade de elaborar estratégias para evitar o retorno a situação antiga. Contudo, vale a pena enfatizar que todo esse processo, é ineficaz quando fica apenas no campo do conhecimento dessas situações de risco. Em outras palavras, isto quer dizer que quando tudo o que foi aprendido, fica apenas no campo teórico ou intelectual, não gerará mudanças. Devemos nos lembrar que toda teoria adquirida, é ineficaz, inútil quando fica apenas no campo teórico e exclui a prática, pois o conhecimento adquirido, pode se perder e entrar no campo do esquecimento. Devemos partir do princípio que todo dependente químico que fazem ou fizeram uso indevido de qualquer substância, desenvolveu uma sensação de prazer ou mesmo, aprendeu uma rota de fuga, tanto de si, como uma rota para fugir ou mesmo evitar, alguma situação que acredita estar além de sua capacidade de enfrentar de "cara limpa".

O processo de evitar a recaída à parte de Deus, constitui basicamente em ensinar a pessoa a mudar sua maneira de pensar, de agir, encontrando assim, maior chance de obter um melhor controle da situação que normalmente o enviaria de volta ao uso dessas substâncias. Além disso, devemos dizer que através desse processo de aprendizagem, é possível identificar hábitos ou circunstâncias que necessitam ser modificados. Para tanto, deve-se fazer as escolhas corretas, de forma consciente e não intuitiva. O principal objetivo, é buscar identificar antecipadamente situações de risco, sejam elas internas ou externas, apontar onde se é mais vulnerável à recaída. Também é preciso apresentar e incentivar a utilização dessas estratégias, para prevenir que se volte a usar drogas, bem como, a volta ao padrão antigo de uso.

Cremos ser desnecessário dizer que a recaída pode e deve ser sempre evitada. Prevenir uma recaída, é desenvolver habilidades, meios, estratégias e modificar seu estilo de vida. Deve-se ter sempre em mente, que sua recuperação, depende primeiramente de voce, ou seja, sua recuperação torna-se possível a partir do momento que se decide parar de usar álcool ou outras drogas e tentar com afinco, modificar seu estilo de vida. Deve-se lembrar de que Deus pode ser uma estratégia de enfrentamento, porém, ao colocar Deus à parte de seu processo de recuperação, voce é o único agente, o instrumento decisivo e definitivo de sua própria recuperação. Nesta linha de raciocínio, podemos dizer que voce deve se conscientizar, identificar situações de risco, prevenir, modificar e acima de tudo, enfrentar ou evitar aquelas situações que te levavam a usar drogas, pois essas situações, são as que mais te ameaçam em seu processo de recuperação.

Avalie, depois reavalie quantas vezes for necessário, qual é a sua principal motivação de sair do mundo das drogas e dar início as mudanças necessárias na sua vida. Faça considerações positivas e negativas; vantagens e desvantagens. Pese na balança e adicione a balança das considerações positivas/vantagens, o conhecimento adquirido dessas situações, suas habilidades de enfrentar com sucesso aquela situação de risco, sem necessitar usar drogas e temos certeza, que o lado da balança, penderá a seu favor, pois ninguém está totalmente desprovido de habilidades, recursos ou dons, para lidar com esta situação. O que pode acontecer no mínimo, é perceber que precisamos melhorar essas habilidades, para lidar com esta situação.

Neste sentido, devemos procurar lidar melhor com nossas emoções negativas, identificar situações que nos coloquem deprimido, triste, desanimado, ansioso, culpado, envergonhado, confuso, com raiva, entediado e sem esperança. Além das emoções negativas citadas, identifique situações onde voce julgue que tem dificuldade de enfrentar os compromissos assumidos, dificuldade de estar em uma reunião social, dificuldade em recusar um convite de uma pessoa que também usa drogas, de enfrentar notícias ruins, ou quando se é criticado. Igualmente, deve também procurar enfrentar situações físicas e mesmos, psicológicas, tais como medos instalados, dores, mágoas, insônia, sentimento de solidão, de se estar só, pressões na família, ou mesmo, quando se vê perto da droga de sua preferência, ou quando seus ditos amigos, te oferecem para usar ou quando sente cheiro da droga, ou quando está sozinho e não tem nada para fazer. Devemos também levar em consideração, quando se acredita que o tratamento é lento ou é mais difícil do que se imaginava. Quando se pensa que não vai ser capaz de viver sem as drogas, ou quando acha que já está velho demais para parar, ou ainda, que pode aproveitar mais um pouco.

Enfrentar essas situações descritas, é importante, pois a pessoa que recai, costuma voltar aos antigos hábitos após violada a abstinência. Uns retornam mais moderados, no entanto, alguns voltam com "força total", procurando compensar o tempo perdido, ou mesmo, consumindo mais que antes. Normalmente, isto acontece àqueles que mais se autocondenam, desenvolvem um certo tipo de culpa; é como quisessem se autopunirem. É bom dizer neste momento, que a eficácia de qualquer tratamento terapêutico, comportamental, educacional, varia de pessoa para pessoa. Não se pode generalizar ou mesmo rotular esse ou aquele método.

Segundo o que foi apresentado, a prevenção de uma possível recaída, se mostra efetiva no tratamento da dependência química, pois é uma ferramenta que leva as pessoas se autoconhecerem, comparando a não se ter um rumo a ser seguido; o que acaba sendo uma grande vantagem, para aqueles que não tomam consciência dessas situações. Pode-se dizer que apesar de muitos terem como um processo tedioso, monótono, ineficaz, na realidade, desenvolver tal conhecimento de estratégias, pode possibilitar a voce antecipar, evitando situações comprometedoras e aumentar sua autoeficácia, pois isto, em certo sentido, estará aumentando a sua chance de êxito.

Devemos ainda ver que como instrumento de manutenção da abstinência, que visa modificar o estilo de vida anterior do dependente químico, para que esse venha evitar velhos hábitos, deve-se mudar os lugares onde andava, pessoas com quem convivia, ter como objetivo final, evitar possíveis fissuras, em suma, trocar por um estilo de vida mais saudável e positivo.

Fontes consultadas

Grande Enciclopédia Larousse Cultural, Editora Nova Cultural, 1998

Grande Enciclopédia Delta Larousse, Editora Delta, Rio de Janeiro

PFEIFFER, Charles F.; VOS, Howard F.; REA, John, Dicionário Bíblico Wycliffe, Casa Publicadora das Assembleias de Deus, Rio de Janeiro, 2009

Bíblia de Estudo MacArthur, Sociedade Brasileira do Brasil, São Paulo, 2011

Bíblia de Estudo Aplicação Pessoal, Casa Publicadora das Assembleias de Deus, Rio de Janeiro,

BAPTISTA, Douglas – Valores Cristãos – enfrentando as questões morais de nosso tempo, Casa Publicadora das Assembleias de Deus, Rio de Janeiro, 2018

RADMACHER, Earl D., ALLEN, Ronald B., HOUSE, H. Wayne – O Novo Comentário Bíblico Antigo Testamento com recursos adicionais – Editora Central Gospel, Rio de Janeiro, 2010

CHAMPLIN, R. N. – O Antigo Testamento interpretado versículo por versículo, Editora Hagnos, São Paulo, 2001

HARRISON, R. K. – Levítico, Introdução e Comentário, Editora Vida Nova, São Paulo, 2008

COLLINS, Gary R. – Aconselhamento Cristão – Edição Século 21, Editora Vida Nova, São Paulo, 2004

HOFF, Paul – O pastor como conselheiro, Editora Vida, São Paulo, 2005

OLIVEIRA, Oséias Gomes, Concordância Bíblica Exaustiva Joshua, Editora Central Gospel, Rio de Janeiro, 2012

Encarte da revista Época nº 658 – O crack tem solução – Saiba como devemos enfrentar esse problema

SANTOS, Djalma – Drogas, a porta da perdição, Editora Ideia Jurídica, Rio de Janeiro, 2015

FIGLIE, Neliana Buzi, BORDIN, Selma, LARANJEIRA, Ronaldo – Aconselhamento em dependência química, Editora Guanabara Koogan Ltda., São Paulo, 2015